NaturheilPraxis Katzen

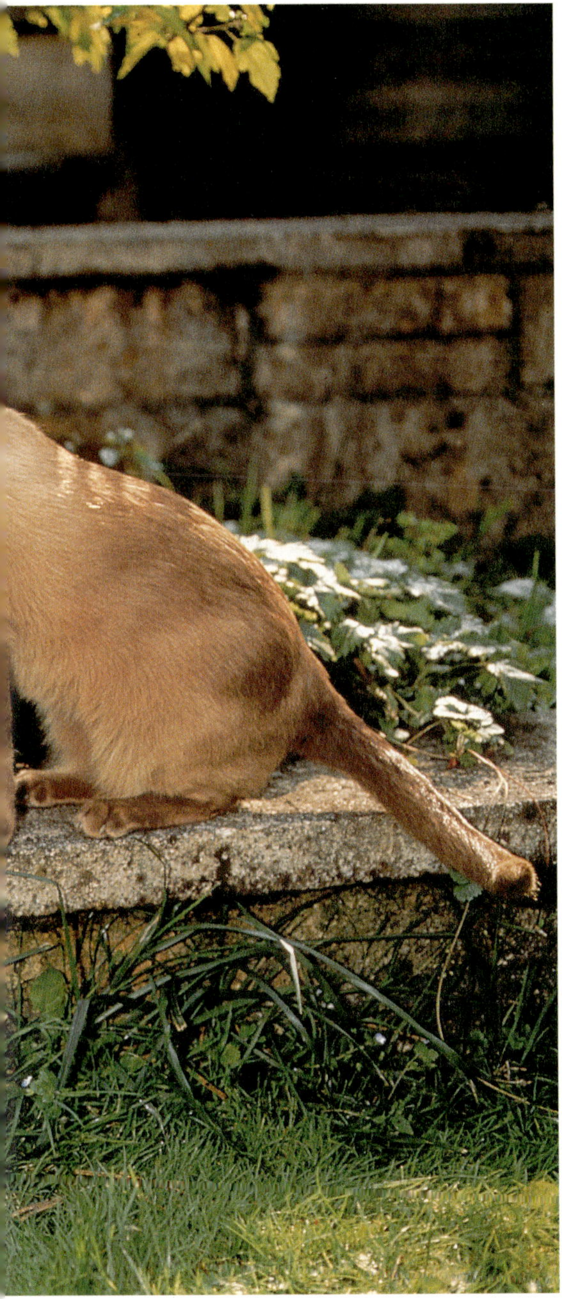

Rudolf Deiser

NaturheilPraxis Katzen

Schnelle Selbsthilfe durch Homöopathie und Bach-Blüten

Farbfotos von Monika Wegler

Zeichnungen von György Jankovics

GU GRÄFE UND UNZER

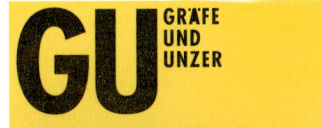

Inhalt

Praxis für den Katzenhalter

Anhang

Krankheiten selbst behandeln

Was Sie über Ihre Katze wissen sollten

Die Katze hat in den letzten Jahren immer mehr an Popularität gewonnen und hat den Hund, der lange Zeit das beliebteste Haustier war, in den Schatten gestellt. In deutschen Haushalten leben ca. sechs Millionen Katzen, und auch in anderen europäischen Ländern ist die Katze ein sehr beliebtes Haustier. Für Katzenbesitzer ist dies natürlich nicht verwunderlich, denn sie lieben ihre Tiere und schätzen ihre Eigenschaften und auch Eigenheiten. Auf den folgenden Seiten erfährt jeder »neue« Katzenfreund, worauf er bei der Haltung einer Katze achten muß.

Bevor Sie sich eine Katze anschaffen

Eine Katze als Haustier ist schön und abwechslungsreich, aber es ist auch eine Aufgabe und kann manchmal mit Unannehmlichkeiten verbunden sein. Deshalb sollte sich jeder bereits vor der Anschaffung überlegen, ob er einer Katze in jeder Hinsicht gerecht werden kann. Die folgenden Punkte sollen ein Anhaltspunkt für Ihre Überlegungen sein, um sich später Ärger und Kummer zu ersparen.

● Eine Katze wird im Durchschnitt 12–16 Jahre alt, kann aber durchaus auch älter werden. Können und wollen Sie solange den Ansprüchen eines Haustieres gerecht werden?

Jede Katze sollte ihren festen Platz haben. Dort läßt es sich gut ruhen.

Gesundheits-Check

✓ **Verhalten, Fitneß**
lebhaft, interessiert, verspielt, verschmust, anhänglich, aktiv, bewegungslustig

✓ **Pflege- und Körperzustand**
sauber und gepflegt, gut proportionierte Körperpartien, sehnig-drahtig bis kräftig-muskulös

✓ **Körpertemperatur**
38,0–39,0°C

✓ **Atmung**
Regelmäßig, ruhig, 20–40 Atemzüge pro Minute

✓ **Puls**
regelmäßig, mittelkräftig, gut abgesetzt 110–140 Schläge pro Minute

✓ **Gewicht**
neugeborene Welpen 80–120 g
erwachsene weibliche Tiere 2,5–4,5 kg
erwachsene männliche Tiere 3,5–6,5 kg

✓ **Fell**
weich, glatt, glänzend, sauber

✓ **Haut**
elastisch, trocken

✓ **Augen**
trocken, klar, glänzend (drittes Augenlid nicht sichtbar)

✓ **Ohren und Gehörgang**
trocken, sauber, Ohr innen blaß bis blaßrosa

✓ **Nase**
trocken bis leicht angefeuchtet, samtig, ohne Ausfluß und Verklebungen

✓ **Zahnfleisch**
hellrosa

✓ **Zähne**
weißlich, sauber (ohne Auflagerungen)

✓ **After**
sauber und trocken

✓ **Kot**
dunkelgrau bis braun, geformt, feucht-weich

✓ **Urin**
klar hellgelb, ohne Beimengungen

● Eine Katze braucht Ansprache, regelmäßige Mahlzeiten und intensive Pflege. Dies beansprucht Zeit und Ihre Bereitschaft!

● Katzen brauchen im und evtl. um das Haus Auslauf und Bewegung. Nur im Haus gehaltene Katzen sollten ausreichend Unterhaltungsmöglichkeiten wie Kletterbaum, Spielsachen, Kuschelhöhle oder Fensterplätzchen haben. Wollen und können Sie Ihre Wohnung katzengerecht umgestalten? Ist genug Raum für eine Katze da?

● Ist der Vermieter einverstanden, daß Sie ein Haustier halten?

● Ist ein Familienmitglied allergisch auf Katzen (Tiere und Haare)?

● Wenn Sie in den Urlaub fahren, muß jemand für Ihre Katze sorgen. Organisieren Sie dies schon vor dem Kauf einer Katze.

● Durch Futter, Ausrüstungsgegenstände, Katzenstreu, Tragekorb, Impfungen, mögliche Kastration sowie Erkrankungen entstehen dem Katzenbesitzer Kosten. Ist Ihnen der finanzielle Aufwand das Erlebnis »Katze« wert?

Rassekatze oder »normale« Hauskatze?

Wenn Sie sich für eine Katze entschieden haben, müssen Sie noch klären, ob Sie eine Rassekatze (z.B. Perser, Siam, Burma, Abessiner, Korat) oder eine »normale« Hauskatze wollen.

Bei einer Rassekatze sollten Sie sich im klaren sein, daß diese Tiere ungefähr DM 1000,– und mehr kosten. Möchten Sie trotzdem ein Rassetier, sollten Sie sich unbedingt beim nächsten Edelkatzenverein nach seriösen Züchtern erkundigen. Kätzchen von Zuchtmärkten sollten Sie genau auf ihren Gesundheitszustand hin untersuchen. Gibt Ihnen der Verkäufer nicht zufriedenstellende Auskunft über Herkunft, Abstammung, Impfungen und Gesundheitszustand, sollten Sie vom Kauf Abstand nehmen.

Der Kletterbaum bietet nur im Haus gehaltenen Katzen eine willkommene Abwechslung.

Auf was müssen Sie beim Kauf einer Katze achten?

Vor dem Kauf sollten Sie sich erkundigen, wer der Züchter ist, ob das Tier schon entwurmt und geimpft ist, ob es schon krank war und wie es bisher ernährt wurde. Letzteres ist sehr wichtig. Behalten Sie die gewohnte Ernährung bei oder stellen Sie langsam um; das Ergebnis einer schnellen Ernährungsumstellung ist oft Durchfall.

Betrachten Sie das Kätzchen oder den Wurf mit der Mutter genau, ob die Tiere äußerlich gesund sind. Einen Anhaltspunkt bietet Ihnen der Gesundheits-Check auf Seite 8. Danach sollten Sie bei der Auswahl Ihr Herz sprechen lassen.

Die richtige Haltung

Katzen sind Individualisten und sollten als solche auch Beachtung finden. Sie zeigen, wozu sie gerade Lust haben, ob zum Spielen, Schmusen oder Ruhen. Eine Katze zu etwas zwingen, was sie nicht will, löst nur Abwehr oder auch Flucht aus. Wenn Sie die Gewohnheiten Ihres Haustiers respektieren, werden Sie die wachsende Zuneigung der Katze erfahren.

Bei aller Liebe zu Ihrem Haustier sollten Sie sich aber immer bewußt sein, daß Sie der Katze die Rahmenbedingungen für ein artgerechtes Leben bieten müssen. Wichtige Punkte zur katzenge-

rechten Haltung sind Spiel- und Schmusestündchen, eine für Fleischfresser ausgewogene und richtige Ernährung (→ Seite 12), die regelmäßige Gesundheitskontrolle (→ Seite 16) sowie vorbeugende Pflegemaßnahmen (→ Seite 106). Dazu gehört aber auch, mögliche Gefahrenquellen zu beseitigen oder zu minimieren, an denen sich Katzen verletzen oder vergiften könnten (→ Checklisten).

Das Spiel

Ausschließlich im Haus gehaltene Katzen brauchen mehr Ansprache und Unterhaltung als Tiere mit Auslauf. Um der Langeweile einer allein gehaltenen Katze vorzubeugen, können Sie eine zweite Katze als Lebensgefährten und Spielkameraden anschaffen. Ein Katzenleben zu zweit ist abwechslungsreicher und interessanter, jedoch muß die Wahl des »tierischen Partners« wohlüberlegt sein.

Die Waschmaschine – nicht nur ein lauschiges, sondern auch gefährliches Ruheplätzchen für die Katze.

Was Sie für Ihre Katze brauchen

Im Haus
- ✓ Katzenkörbchen zum Schlafen
- ✓ Katzenkörbchen oder Käfig für den Besuch beim Therapeuten
- ✓ Kratzbaum mit Wohnhöhle, Kratzbrett
- ✓ Spielsachen, die nicht verschluckt werden können
- ✓ Liegebrett am Fenster
- ✓ Decke am Heizkörper (als Liegeplatz)
- ✓ pro Katze 3 Futternäpfe
- ✓ Katzen-Toilette, Katzenstreu
- ✓ Katzengras zum Knabbern

Im Freien
- ✓ Türklappe ins Freie
- ✓ mit Gitter gesicherter Balkon
- ✓ Stiege von höheren Stockwerken

Dem Charme einer spielenden Katze kann sich kaum jemand entziehen.

Spielend trainieren junge Katzen viele Verhaltens-weisen, die sie später einmal brauchen.

Gefahrenquellen im und ums Haus

- ✓ heiße Herdplatte, heiße Töpfe, offenes Feuer
- ✓ offene Waschmaschine
- ✓ Nähnadeln
- ✓ Zimmerpflanzen mit Dornen, giftige Pflanzen
- ✓ Kippfenster, Schiebetüren
- ✓ Plastiktüten
- ✓ Spülmittel, Waschpulver, Farben, Lacke, Lösungsmittel
- ✓ Haushaltsgeräte wie Mixer oder Quirl, ein-geschaltetes Bügeleisen
- ✓ Teich, Swimmingpool, Wassertonnen
- ✓ Schneckenkorn, Insektizide, Pestizide, Ratten- und Mäusegift
- ✓ Gartengeräte, Spritzgeräte, offenes Garten-haus, Leiter
- ✓ Schornstein

Spielend üben und lernen junge Katzen viele Bewegungsabläufe und Verhaltensweisen, die sie später als Jäger in der freien Natur dringend brauchen. Diese Spiele finden entweder unter Geschwistern oder zwischen Mutter und Welpen statt, später müssen Sie als Tierhalter mit Ihrer Katze spielen. Dabei sind der Phantasie keine Grenzen gesetzt, wenn es darum geht, neue oder gemeinsame Spiele zu veranstalten. Beliebte Gegenstände sind Gummibälle, Quietschmäuse, Federn, die Sie an einer Schnur festbinden und über den Boden ziehen, Minzkissen, Rollen von Papiertüchern oder leere Kartons; gerade letztere sind bei Katzen als Versteckplatz und Kuschelhöhle sehr beliebt.

Mit einfachen Mitteln können Sie Ihrer Katze und auch sich selbst viel Spaß und Freude bereiten. Vielleicht ist das gemeinsame Spiel und das tägliche Schmusestündchen auch ein Grund, warum Katzenhalter zufriedener und streßfreier leben als so manch anderer Mensch ohne Haustier.

Die richtige Ernährung

Falsche Ernährung führt zu Mangelerscheinungen und Krankheiten. Diese simple Weisheit trifft nicht nur für den Menschen, sondern auch für Hauskatzen zu. Dabei ist es durch die breite Palette an Fertigfutter kaum noch schwierig, Katzen richtig zu ernähren. Selbst zubereitetes Frischfutter muß entsprechend auf die Bedürfnisse der Katzen abgestimmt werden.

Richtig füttern

Bei der Fütterung der Katzen sollten Sie folgende Regeln beachten:

● Setzen Sie der Katze, auch wenn sie ab und zu selbst eine Maus jagt, regelmäßige Mahlzeiten vor.

● Das Fressen sollte immer frisch zubereitet und mit Zimmertemperatur sein (nie kaltes Futter aus dem Kühlschrank oder altes, abgestandenes Futter geben).

Um an Wasser zu kommen, können Katzen sehr erfinderisch sein ...

● Katzen sind Fleischfresser, achten Sie deshalb auf eine eiweißreiche Ernährung (→ Seite 14).

Wichtig: Hundefutter führt aufgrund des niedrigeren Eiweißgehalts bei der Katze zu Mangelkrankheiten.

● Katzen sollten abwechslungsreich ernährt werden (→ Seite 14). Einseitige Ernährung führt zu schweren Stoffwechselstörungen.

● Bieten Sie einer ausgewachsenen Katze als Getränk ausschließlich frisches Wasser an.

Energiebedarf und Menge an Fertigfutter

Alter	Anzahl der Mahl-zeiten	Menge an Dosen-futter (g pro Tag)	Energie-bedarf (Kcal pro kg KG)*
Welpen			
1. Woche	8 – 12	(Milch)	360
2 – 3 Monate	4 – 5	90	200
4 – 6 Monate	3 – 4	150	150
7 – 12 Monate	2	360	120
über 1 Jahr (4 kg)	2	400	100
älter als 12 Jahre	3 – 4	200	80
Kastraten	2	200	80
Tragende Katze	2 – 3	300 – 400	100
Säugende Katze	3 – 4	400 – 600	250
Deckkater	2	360	100

* 1 Kcal = 4,184 Kilojoule (kJ); kg KG = Kilogramm Körpergewicht

Bis zur Entwöhnung ist Milch das beste Aufzuchtfutter für Katzenwelpen.

● Milch ist Nahrung für die Welpen bis zur Entwöhnung. Danach stellt sich das Verdauungssystem auf eine andere Ernährung um, Milch wird schwer verdaulich und ist für manche Tiere nicht mehr verträglich; Darmstörungen wie Durchfall können die Folge sein, weil der Milchzucker nicht mehr abgebaut werden kann.

● Reinigen Sie nach dem Fressen die Futterschüsseln mit heißem Wasser <u>ohne</u> Spülmittel.

Ernährungsbedürfnisse und Futtermengen

Der tägliche Bedarf an Nährstoffen wird von vielen Faktoren bestimmt wie Wachstum, Trächtigkeit, Säugezeit, Aktivität des Tieres, Rolligkeit oder Kastration. Darauf muß die Ernährung abgestimmt werden (→ Tabelle).

Katzen, die zuviel fressen und sich zuwenig bewegen, werden übergewichtig. Dies kommt gelegentlich bei Kastraten oder bei älteren Katzen vor. Passen Sie die Ernährung den geänderten Verhältnissen an, bei geringerer Aktivität ist auch weniger Energie nötig.

Andererseits führt eine Unterversorgung mit Nährstoffen zur Abmagerung, die Tiere werden ausgezehrt und krank.

Eine besonders nährstoff- und energiereiche Ernährung brauchen junge Kätzchen während des Wachstums und säugende Katzenmütter (bei ihnen ist der Nährstoffbedarf dreimal so hoch).

Trächtige Katzen werden in den ersten Wochen noch normal gefüttert. Erst im letzten Drittel der Trächtigkeit werden die täglichen Rationen erhöht, wobei auf eine bessere Nährstoffversorgung zu achten ist.

Zur Fütterung kranker Katzen, → Seite 108.

Fertigfutter oder Frischfutter?

Sowohl Fertigfutter als auch frisch zubereitete «Menüs» haben Vor- und Nachteile. Einen gesunden Mittelweg mit abwechslungsreicher Gestaltung wird Ihnen Ihre Katze sicher danken.

Fertignahrungsmittel gibt es als Dosennahrung und Trockenfutter. Während das Dosenfutter mit einem Wassergehalt von 70–80% in etwa die täglichen Bedürfnisse der Katze an Flüssigkeit deckt, müssen Katzen, die viel Trockenfutter (Wassergehalt 10–15%) zu sich nehmen, auch viel Wasser trinken. Diesem Problem können Sie vorbeugen, indem Sie Trockenfutter in Wasser einweichen.

Fertigfutter hat mehrere Vorteile: Es ist lange haltbar und erleidet im verschlossenen Zustand keine Qualitätseinbußen. In der Zusammensetzung ist es den täglichen Bedürfnissen der Katze angepaßt. Die auf den Etiketten stehenden Mengenangaben erleichtern die Handhabung. Der finanzielle und zeitliche Aufwand ist relativ gering. Für eine Auslandsreise mit der Katze können Sie gezielt die richtige Futtermenge mitnehmen.

Wichtig: Trockenfutter als Alleinfutter ist einseitig und führt über kurz oder lang zu Krankheiten. Deshalb sollte es nur gelegentlich oder mit Dosenfutter gemischt angeboten werden.

Auch für das Frischfutter gibt es gewichtige Argumente: Als Feinschmecker lieben Katzen frische Nahrung. Außerdem haben viele Katzen spezielle Geschmacksvorlieben, die Sie beim Zubereiten der Mahlzeit berücksichtigen können. Darüber hinaus

Katzen benötigen zu ihrer gesunden Entwicklung eine eiweißreiche Nahrung mit viel Fleisch.

ist Frischfutter frei von Zusatzstoffen wie Konservierungsmitteln, Geschmacksstoffen und Stabilisatoren, die möglicherweise Allergien auslösen können. Bei frisch zubereitetem Futter können Sie auch Reste von Ihrem Mittagstisch verarbeiten (z. B. Reis, Kartoffeln, Gemüse), jedoch keine scharf gewürzten Speisen sowie keine salzigen und gesüßten Nahrungsmittel.

Zusammensetzung des Futters

Bei der Frischfutter-Zubereitung sollten Sie auf ein ausgewogenes Verhältnis von Eiweiß, Kohlenhydraten, Fetten, Vitaminen, Mineralien und Spurenelementen achten; in Fertigfutter ist dies bereits berücksichtigt.

Eiweiß ist in Muskelfleisch (von Rind, Schwein, Geflügel, Wild), Innereien, Fisch, Eiern, Milch und Milchprodukten enthalten, pflanzliches Eiweiß in Soja und Nüssen. In jeder Mahlzeit sollte Eiweiß enthalten sein, um die Versorgung mit den lebenswichtigen Aminosäuren zu gewährleisten.

Fett ist Bestandteil von Muskelfleisch, in geringen Maßen kann es auch als Schweinefett, Rindertalg oder naturbelassenes Öl (Oliven-, Distel- oder Maisöl) zugesetzt werden. Katzen können ca. 30 g Fett/Tag im Futter tolerieren.

Allgemeine Werte für die optimale Futterzusammenstellung	
Wasser	75–80% (ergibt eine Trockensubstanz (TS) von 20–25%)
Eiweiß	10–15% (Jungtiere haben einen höheren Bedarf)
Fett	9–12%
Kohlenhydrate	2–4%
Mineralien	1%

Pfoten ab-
lecken und
Gesicht
waschen
bedeuten in
der Katzen-
sprache: Das
hat ge-
schmeckt.

Kohlenhydrate kommen in Getreide, Reis, Kartoffeln und Nudeln vor. Sie liefern Ballaststoffe sowie
leicht verwertbare Energie.
Mineralstoffe und Spurenelemente sind in vielen
Nahrungsmitteln wie Milch, Eiern oder Getreide
enthalten und werden in der Regel ausreichend
zugeführt.
Vitamine sind wichtige Vitalstoffe und kommen
v. a. in Leber, Eiern, Getreide und Milch vor. Vitamin C kann vom Körper selbst hergestellt werden.
Zuviel Fischfütterung führt zu einer Unterversorgung von Vitamin E. Vitamin A muß über das Futter zugeführt werden. Um den Bedarf an Vitamin
A zu decken, reichen 100–150 g Leber pro Woche
aus; eine Überversorgung mit Vitamin A führt zu
einer Knochenzubildung in der Halswirbelsäule, so
daß Katzen den Hals nur unter Schmerzen beugen
können.

Wichtig: Mineralstoffe und Spurenelemente sowie Vitamine in Tabletten- oder Pastenform
sollten Sie nur säugenden Kätzinnen sowie
heranwachsenden oder kranken Katzen zusätzlich verabreichen.

Beim Zusammenstellen der täglichen Mahlzeit
sollten Sie auf folgende Punkte achten:
● Schweinefleisch muß immer gekocht werden,
da Krankheiten übertragen werden können (Au-
jezsky, Toxoplasmose).
● Rohe Leber kann abführen, während gekochte
Leber eine Verstopfung auslösen kann.
● Fisch darf nur gekocht oder gebraten und ent-
grätet verfüttert werden.
● Geflügelfleisch muß von spitzen Knochen befreit werden, da sich diese im Hals einspießen können. Bei tiefgefrorenem Hühnerklein ist Vorsicht
wegen der möglichen Übertragung von Salmonellen geboten.
● Pro Mahlzeit sollte ein selbstzubereitetes Menü
150 g Fleisch und/oder Fisch (auch gemischt), je
1 – 2 Eßlöffel gekochtes Gemüse und gekochten
Reis sowie 1 Teelöffel Öl, Hefeflocken oder Hüttenkäse enthalten.
Jede Katze hat ihre eigenen kulinarischen Vorlieben und Geschmacksrichtungen. Schleckt sich Ihr
Kätzchen nach dem Fressen die Pfoten ab und
wäscht es sein Gesicht, dann wissen Sie, daß es
ihm geschmeckt hat.

Gesundheitsvorsorge

Entwurmung

Die wichtigsten Wurmarten bei der Katze sind Bandwürmer (→ Seite 89), Spulwürmer (→ Seite 90) und Hakenwürmer. Katzen, die immer mal wieder Mäuse fressen, engen Kontakt mit anderen Katzen haben oder einen Floh nach Hause bringen, können sich mit Parasiten des Verdauungstraktes infizieren. Bei diesen Katzen sollte der Kot regelmäßig auf Würmer untersucht werden.

Katzen, die ausschließlich im Haus gehalten werden und keinen Kontakt mit anderen Katzen haben, braucht man prinzipiell nicht zu entwurmen, vorausgesetzt, sie erhalten kein rohes Schweine- oder Wildfleisch. Eine Kotuntersuchung pro Jahr reicht, um zu sehen, daß die Katze frei von Darmparasiten ist.

Generell werden Katzen mindestens zweimal im Jahr entwurmt, wobei immer <u>eine Woche</u> vor der jährlichen Schutzimpfung eine Wurmkur erfolgen sollte. Fällt eine Kotuntersuchung positiv aus, muß

Katzen knabbern gern an frischem Grün, denn damit regulieren sie ihre Verdauung.

sofort entwurmt werden, nach 2 – 3 Wochen erfolgt eine Wiederholungsbehandlung.

Entwurmungsprogramm

Spul- und Hakenwürmer

	Entwurmung	Wiederholung
Katzen-welpen	10 – 14 Tage	alle 8 – 10 Tage bis zum Absetzen
erwachsene Katzen	1/2 Jahr	alle 3 – 4 Monate
säugende Kätzinnen	10 – 14 Tage nach Geburt	alle 8 – 10 Tage mit den Katzenwelpen
Zuchtkater	Zuchtbeginn	alle 3 – 4 Monate

Bandwürmer

Zur Bekämpfung von Bandwürmern können Sie entweder alle 4 Wochen eine Routine-Kur (z.B. mit Droncit-Tabletten) machen, oder Sie lassen nach einer Entwurmung regelmäßig in einem Abstand von 4 – 8 Wochen den Kot der Katze untersuchen. Da sich Wurmeier, mit denen sich der Mensch infizieren kann, auch im Fell der Katze befinden, sollten Sie besondere hygienische Maßnahmen walten lassen, wenn Sie oder Ihre Kinder engen Kontakt zur Katze haben.

Ektoparasiten

Der Befall mit Flöhen (→ Seite 86), Zecken (→ Seite 88) und Milben (→ Seite 87) ist gerade in den letzten Jahren sprunghaft angestiegen. Zur Bekämpfung gibt es unterstützende Naturheilmittel; in der Regel müssen aber zuerst die Parasiten durch Halsbänder, Shampoos oder Sprays oder mittels Injektionen (Tierarzt) abgetötet werden.

Impfschema

Grund-immunisierung	1. Impfung im Alter von	Wiederholung im Alter von
Katzenseuche	9 Wochen	12 Wochen
Katzenschnupfen	9 Wochen	12 Wochen
Leukose	9 Wochen	12 Wochen
Tollwut	12 Wochen	12 Monaten
FIP	16 Wochen	19 Wochen

Wiederholungs-impfungen	1 Jahr später	2 Jahre später	3 Jahre später
Katzenseuche	☑	☐	☑
Katzenschnupfen	☑	☑	☑
Leukose	☑	☑	☑
Tollwut	☑	☑	☑
FIP	☑	☑	☑

Katzen, die hin und wieder Mäuse fressen, sollten regelmäßig auf Darmwürmer untersucht werden.

Impfungen

Um Ihre Katze vor den wichtigsten Infektionskrankheiten zu schützen, wird Ihnen ein erprobtes Impfprogramm (→ Tabelle oben) vorgestellt, das Ihnen auch Ihre Terminplanung beim Tierarzt erleichtert.

Die <u>Grundimmunisierung</u> umfaßt 4 Impftermine, die Ihre Katze gegen alle ernsten Viruskrankheiten schützt, vor allem auch gegen FIP (→ Seite 95) und Leukose (→ Seite 123). Danach hat die Katze einen aktiven Impfschutz für ein Jahr.

Nach einem Jahr wird die <u>Wiederholungsimpfung</u> fällig, die in der Regel als 5fach Impfung, gegen alle Krankheiten, erfolgt.

Was Sie zu Impfungen wissen sollten

● Impfungen bieten keinen 100%igen Schutz. Es kann vorkommen, daß eine Impfung nicht »angeht«, d. h., daß der Organismus keine Abwehrkörper gegen die entsprechende Krankheit bildet.

● Nach jeder Impfung braucht der Organismus 10–14 Tage, um eine voll belastbare Immunität (d. h. Abwehr) aufzubauen.

● Bei älteren Katzen müssen Sie nicht jedes Jahr ein komplettes Impfprogramm durchziehen. Vor allem die Anfälligkeit für Katzenseuche und Katzenschnupfen nimmt erheblich ab. Die Impfungen gegen Leukose und FIP sollten Sie jedoch alle Jahre wiederholen lassen.

● Die Tollwut-Impfung ist wichtig und muß v.a. bei Katzen mit Auslauf und in tollwutverdächtigen Gebieten regelmäßig erfolgen. Sie ist Pflicht, wenn Sie mit Ihrer Katze ins Ausland fahren oder auf Ausstellungen gehen.

● Zum Zeitpunkt der Impfung muß die Katze völlig gesund und parasitenfrei sein.

Nachwuchs-sorgen

Eine Kätzin kann 2- bis 3mal im Jahr trächtig werden und pro Wurf 3–7 Welpen gebären. Die Trächtigkeit dauert bei Katzen 58–70 Tage, der Großteil kommt um den 63. Tag zur Geburt.

In der Regel bringen Katzen ihre Jungen allein auf die Welt, auch die Erstgebärenden. Nach Einsetzen der ersten Wehen kann es noch 2–4 Stunden dauern, bis das erste Junge durch verstärkte Preßwehen geboren wird. In der Regel erscheint das nächste Junge zwischen 15 und 60 Minuten später, in seltenen Fällen dauert es länger. Preßt die Mutter über längere Zeit, ohne daß ein Junges erscheint, oder wird über 3–4 Stunden nach Einsetzen der ersten Wehen kein Katzenkind geboren, dann müssen Sie unbedingt Ihren Tierarzt anrufen.

Ungefähr 6 Wochen lang werden die Katzenwelpen von ihrer Mutter gesäugt.

Die Zeit nach der Geburt

Nach der Geburt sollten Sie ein frisches Nest bauen, damit sich die Katze ausruhen kann. In der kalten Jahreszeit sollten Sie eine Wärmflasche unter das Bettchen legen, um die Neugeborenen warm zu halten.

In den ersten 8–10 Tagen ist die Katzenmutter voll mit der Pflege ihrer blinden und tauben Kinder beschäftigt. Um die Harn- und Kotausscheidung anzuregen, massiert sie nach jeder Mahlzeit den Bauch der Welpen mit der Zunge und schleckt die Afterregion ab. Stellen Sie eine Plastikwanne mit Katzenstreu auf, damit die Katzenmutter die Kleinen zur Reinlichkeit erziehen kann.

Geben Sie den Nachwuchs frühestens mit 8 Wochen, besser erst mit 12–14 Wochen ab, weil dann die wichtige Zeit des Lernens abgeschlossen ist und die Katzen entwurmt und geimpft sind.

Die mutterlose Aufzucht

Stirbt eine Katze nach der Geburt oder ist der Milchfluß nicht ausreichend für die Welpen, müssen Sie sich um den Nachwuchs kümmern.

Die Kleinen werden alle 3 Stunden mit verdünnter Kondensmilch oder einer speziellen Aufzuchtmilch gefüttert (auch nachts). Die Nährmilch, die immer eine gleichmäßige Temperatur von 38° haben sollte, verabreichen Sie am besten in kleinen Saugfläschchen, notfalls können Sie auch Pipetten oder Einwegspritzen verwenden. Nach jedem Trinken müssen Sie mit einem Papiertuch den Bauch und die Afterregion der Welpen massieren.

Ab der 4. Woche beginnen Sie dann mit der Umstellung auf feste Nahrung, indem Sie den Anteil der festen Nahrung langsam steigern und den Milchanteil entsprechend reduzieren.

Achten Sie auf ausreichende Wärme in der Kinderstube. Welpen brauchen eine gleichmäßige Temperatur von 27°–30°C, ab der 3. Woche reicht eine Zimmertemperatur von 20°–22°C.

Kastration der Katze

Mit beginnender Geschlechtsreife entwickeln Kätzinnen und Kater ausgeprägte Verhaltenweisen, die für den Menschen auf die Dauer unerträglich werden, so daß nur eine Kastration (→ Seite 122) ein langfristiges Zusammenleben mit der Katze möglich macht.

Eine Kastration ist eine Routine-Operation; sie wird bei Kätzinnen am besten mit Eintritt der Geschlechtsreife im Alter von ca. 6 Monaten durchgeführt, bei Katern in der Regel im Alter von 8 – 10 Monaten, bevor sie durch ihren ausgeprägten Trieb unerwünschte Verhaltensweisen entwickeln.

Was spricht für eine Kastration?

● Kastraten leben im allgemeinen länger, sind gesünder und werden weniger von Parasiten befallen. Gerade die schweren Verletzungen zur Paarungszeit und das hohe Infektionsrisiko durch den engen Kontakt mit anderen Katzen fällt weg.

● Die Tiere werden ruhiger und bleiben meist in der Nähe des Hauses.

● Kätzinnen verlieren ihr intensives Verhalten während der Rolligkeit (→ Seite 123) wie Harnabsetzen, Unruhe, tagelanges markerschütterndes Miauen nach dem Kater sowie das unruhige Herumwerfen auf dem Boden. Rollige Kätzinnen, die nicht gedeckt werden, neigen zu Zystenbildung und Gebärmuttererkrankung, was in der Regel dann eine Totaloperation zur Folge hat.

● Normalerweise wird dadurch das Markierungsverhalten der Kater beendet, das im Alter von 10 Monaten einsetzt.

● Für Sie als Katzenbesitzer stellt sich nicht mehr das Problem, wohin mit dem Nachwuchs.

● Wird eine unkastrierte Katze nicht ausreichend betreut, sucht sie sich einen anderen Platz oder wird zum Streuner; diese sind in der Regel abgemagert, mit Parasiten befallen und tragen Infektionskrankheiten in sich.

Die Zuwendungen der Mutter werden vom Welpen mit sichtlichem Wohlbehagen aufgenommen.

Vor- und Nachsorge

Kastrationen erfolgen am narkotisierten Tier. Der Eingriff wird in der Regel ambulant vorgenommen. Um die körperlichen und seelischen Wunden schneller heilen zu lassen, geben Sie der Katze 3 Tage vor und 3 Tage nach der Kastration 2mal am Tag 1 Dosis Arnica D12 und anschließend über 7 Tage 2mal täglich Staphisagria D12.

Alternative Hormonbehandlung

Die Rolligkeit der Katzen kann durch Hormontabletten oder Injektionen unterdrückt werden. Diese Methode sollte nur in Ausnahmefällen angewandt werden, z. B. um eine Zuchtkätzin vorübergehend ruhigzustellen.

Als unliebsame Nebenerscheinung der Hormonbehandlung kann eine Entzündung der Gebärmutter (→ Seite 66) mit eitrigem Ausfluß auftreten, was dann sowieso zu einer Totaloperation führt.

Naturheilverfahren im Überblick

Immer mehr Tierbesitzer wünschen auch für ihre Tiere im Krankheitsfall eine biologische, möglichst nebenwirkungsfreie Behandlung. Dabei kommt der Homöopathie und den Bach-Blüten eine vorrangige Stellung zu. Aber auch Heilmethoden wie Akupunktur, Farbtherapie oder Neuraltherapie finden immer mehr Anhänger und werden gezielt und auch erfolgreich bei Tieren angewendet.

Homöopathie, eine Heilmethode aus der Natur

Der Begründer der Homöopathie, der Arzt Dr. Samuel Hahnemann (geb. 1755 in Meißen, gest. 1843 in Paris), hat vor 200 Jahren die Grundlage für das Heilprinzip der Homöopathie geschaffen: »Ähnliches soll durch Ähnliches geheilt werden«. Hahnemann hatte im Selbstversuch herausgefunden, daß er nach Einnahme von Chinarinde Symptome entwickelte, die den Symptomen bei Wechselfieber entsprachen (Chinarinde wurde gegen Wechselfieber eingesetzt). Die Wirkung der Arznei hielt Stunden an, und auch nach erneuter Einnahme der Chinarinde wiederholte sich der Vorgang der künstlich erzeugten Krankheit. Daraus folgerte er, daß »dann eine Arznei für einen Kranken passend ist, wenn sie beim Gesunden Symptome erzeugen kann, die jenen ähnlich sind, an denen der Kranke leidet«.
Nimmt man alle in solchen Prüfungen gefundenen Symptome eines Mittels zusammen, kommt man zum homöopathischen Arzneimittelbild.

In seinem grundlegenden Werk, dem Organon, schreibt Hahnemann über die Aufgaben und Pflichten eines Therapeuten: »Das höchste Ziel des ärztlichen Wirkens ist Heilen, die schnelle, sanfte, dauerhafte Vernichtung der Krankheit in ihrem ganzen Umfange auf dem kürzesten, zuverlässigsten, unnachteiligsten Wege nach deutlich einzusehenden Gründen.«
Hahnemann betonte auch, daß die Homöopathie den Gesetzen der Natur folgt und daß ihre Anwendung bei den Tieren die gleiche Gültigkeit besitzt wie beim Menschen.

Potenzierung homöopathischer Mittel

Die Gewinnung der Ursubstanzen sowie die einzelnen Schritte bei der Potenzierung sind von Hahnemann genau festgelegt worden.
In der Klassischen Homöopathie wird mit Einzelmitteln, d.h. mit einem Mittel, das nur aus einer einzigen homöopathischen Substanz besteht, gearbeitet. Die Ursubstanzen dieser Mittel müssen vor ihrer Verabreichung erst potenziert werden.
Als Potenzen bezeichnet man die verschiedenen Verdünnungsreihen, die durch die zwei Arbeitsgänge Verdünnen und Verschütteln gewonnen werden. Im deutschsprachigen Raum haben sich v. a. die D- (Dezimale = Zehner) und C- (Centesimale = Hunderter) Potenzreihe durchgesetzt.
Bei der D-Reihe wird 1 Teil der Urtinktur mit 9 Teilen der Lösungssubstanz (Wasser, Alkohol) gemischt, also im Verhältnis 1:9, und anschließend mit 10 Verschüttelungsschlägen versehen; das Ergebnis ist die D1. Der nächste Schritt, 1 ml der D1 mit 9 ml Lösungsmittel, 10mal kräftig geschüttelt, ergibt die D2. Diese Arbeitsvorgänge setzen sich in der gleichen Reihenfolge immer weiter fort, so erhält man die steigenden Potenzen der D-Reihe.
Bei der C-Potenz ist die Vorgehensweise die gleiche, allerdings wird die Urtinktur mit der Lösungssubstanz im Verhältnis 1:99 gemischt und 100mal verschüttelt.

Mit Hilfe der Naturheilmittel kann man die Entwicklung junger Katzen günstig beeinflussen.

Die Homöopathika werden je nach ihrem Potenzgrad in drei Bereiche eingeteilt:

● Die niedrigen Potenzen reichen bis zur 12. Potenz (D12/C12). Ist ein Tier durch einen Unfall zu Schaden gekommen oder liegt ein rein körperliches Leiden vor, dann wählt man am besten eine niedrige Potenz.

● Die gängigen mittleren Potenzen sind die 30. und 200. Potenz (D30/C30 bzw. D200/C200).

● Die Hochpotenzen beginnen ab der 1000. Potenz (= M) und erstrecken sich in einen Bereich bis zu einer Million.

Der Einsatz von höheren Potenzen empfiehlt sich bei chronischen Erkrankungen mit langer Krankheitsgeschichte oder wenn das Gemüt des Tieres in Mitleidenschaft gezogen ist. Typische Gemütssymptome wären z. B. Angst vor anderen Tieren, Furcht in der Dunkelheit oder Furcht bei Gewitter. Auch Verhaltensstörungen sollte man nur mit höheren bis Hochpotenzen behandeln.

Die 21. Potenz wird als die Avogadrosche Zahl bezeichnet; das ist die Potenz, bei der von der Ursprungslösung kein Atom mehr nachweisbar ist. Die Heilkraft der Ausgangssubstanz liegt im Lösungsmittel als reine Energie vor.

Wirkung der homöopathischen Mittel

Durch das homöopathische Mittel wird dem Organismus Antriebsenergie und ein Anstoß gegeben, der die körpereigenen Selbstheilungskräfte anregt, die Krankheit zu überwinden. Es ist also der Organismus selbst, der den Heilungsprozeß vollzieht.

Homöopathische Mittel haben keine Nebenwirkungen im herkömmlichen Sinn, man kann sie auch nicht überdosieren. Wichtig ist die häufige und regelmäßige Verabreichung der entsprechenden Potenz, aber nicht die Menge der Einzeldosis; so wirken 40 Globuli nicht stärker oder nachhaltiger als 4 Globuli!

Ist ein Organismus irreparabel geschädigt, kann das richtige homöopathische Mittel zwar eine Linderung der Beschwerden bringen, doch eine Besserung wird in den seltensten Fällen eintreten.

Verabreichung der Homöopathika

Die Katzen nehmen in der Regel die homöopathischen Mittel gut auf. Verschiedene Verabreichungsformen haben sich bewährt:

● Direktes Einlegen in die seitliche Backentasche – diese Methode sollte bevorzugt angewendet werden, da die homöopathische Substanz ihre optimale Wirkung beim direkten Kontakt mit der Mundhöhlenschleimhaut entfaltet.

● Einstreichen des Mittels in die Vorderpfote – beim Putzen schleckt sich die Katze über die Pfoten und nimmt das Mittel direkt auf.

● Auflösen des homöopathischen Mittels im Trinkwasser oder Tee.

● Auflösen des homöopathischen Mittels in Wasser oder Tee und direktes Einbringen in die seitliche Backentasche. Diese Methode hat sich v.a. in akuten Krankheitsfällen bewährt. Lösen Sie dazu die entsprechende Tagesmenge an Tabletten (5 Stück), Globuli (ca. 20 Stück) oder Tropfen (ca. 20 Tropfen) in 250 ml Wasser/Tee auf, verquirlen Sie die Lösung mit einem Plastiklöffel und geben diese mittels einer Einwegspritze (ohne Nadel) in die seitliche Backentasche (→ Seite 104). So können Sie auch kranke Tiere behandeln, die nicht mehr fressen oder bewußtlos sind.

Wehrt sich eine Katze heftig gegen die Eingabe des Mittels, sollten Sie eine sanftere Form der Verabreichung wählen.

Durch homöopathische Konstitutionsmittel läßt sich die Gesamtverfassung der Katzen regulieren.

Die homöopathischen Mittel werden in verschiedenen Zubereitungsformen angeboten: Tabletten, Globuli (Milchzucker-Kügelchen), Pulver, Dilutionen (Lösungen, meist mit Alkohol versetzt), Ampullen (zur Injektion und als Trinkampullen), Zäpfchen und Salben.

Für Katzen eignen sich besonders Tabletten oder Globuli. Alkoholische Zubereitungen sollte man

Besserung eintritt und ein kontinuierlicher Heilungsprozeß abläuft. Ist dies nicht der Fall, dann war entweder die Dosis zu gering oder das Mittel falsch.

Wird durch ein Mittel ein Ausscheidungsprozeß (z. B. Durchfall, Nasenausfluß oder lösender Husten) in Gang gesetzt, dann befreit sich der Körper von belastenden »Giftstoffen«; über diese Reinigung wird sich die Heilung vollziehen. Die Richtigkeit der Mittelwahl wird auch bestätigt, wenn die Katze nach der Einnahme des Mittels zu trinken oder fressen anfängt oder wenn ein ruhiger und heilsamer Schlaf folgt.

Die Wahl eines homöopathischen Mittels kann auf zweierlei Arten getroffen werden. Bei der symptomatischen Behandlung wird ein bestimmtes Mittel aufgrund von lokalen Symptomen eingesetzt. Dadurch werden allerdings auch nur die lokalen Symptome behandelt.

Bei der konstitutionellen Therapie wird das ganze Individuum mit seinen Eigenheiten, Vorlieben und seinen krankhaften Veränderungen beurteilt und das für ihn zutreffende Konstitutionsmittel (→ Seite 123) eingesetzt. Als Folge ist ein tiefer, energetischer Umwandlungsprozeß in Richtung Gesundheit und Heilwerden zu erwarten.

nur in Ausnahmefällen verwenden, da Katzen zu speicheln und würgen anfangen und sich spätestens beim dritten Versuch heftig zur Wehr setzen.

Was passiert nach der Eingabe?

Krankheitssymptome können sich im Anfangsstadium kurzzeitig verschlechtern (sog. Erstverschlimmerung), was im Sinne der homöopathischen Denkweise als positiv zu bewerten ist und anzeigt, daß die Mittelwahl richtig war. Wichtig ist, daß nach der Verschlimmerung eine deutliche

Nosoden

Darunter versteht man homöopathische Zubereitungen aus krankem Gewebe, Stoffwechselprodukten oder aus Mikroorganismen, die gezielt gegen das entsprechende Leiden eingesetzt werden können und die körpereigene Abwehr anregen. Eine Nosodentherapie bei der Katze kann mit Staphylococcinum, Streptococcinum, Tuberculinum, Carcinosinum, Psorinum oder Pyrogenium, je nach Infektionsgeschehen, erfolgen.

Nosoden sollten immer auch dann verabreicht werden, wenn andere gut gewählte Homöopathika nicht die erwartete Heilung bringen.

Komplexmittel

In den letzten Jahren hat sich auch in der Tiermedizin immer mehr die Therapie mit Komplexpräparaten eingebürgert. Dabei werden in einer Arznei verschiedene Mittel mit ähnlichen Wirkungsspektren, das bedeutet mehrere Einzelmittel, die beim gleichen Krankheitsbild eingesetzt würden, zusammengegeben und verabreicht. Der Vorteil dieser Behandlungsmethode ist, daß durch die Vielzahl der Mittel ein größeres Spektrum an Heilungsanstößen erfolgt und daß Therapeuten, Tierliebhaber und »homöopathische Laien«, ohne sich dem doch sehr umfangreichen Studium der Klassischen Homöopathie unterzogen zu haben, Tiere homöopathisch behandeln können, und dies mit guten Erfolgen.

Ein weiterer Vorteil ist die Darreichungsform. Die meisten Komplexmittel liegen in Form von Ampullen mit 2 ml oder 5 ml Inhalt vor. Diese lassen sich leicht über das Trinkwasser verabreichen; mittels einer Einwegspritze aus der Ampulle aufgezogen, kann das Heilmittel auch direkt in die seitliche Backentasche eingegeben werden (nur ohne Nadel!). Zudem sind Ampullen lange haltbar, weil sie immer verschlossen sind. Nach dem Öffnen ist der Inhalt sofort oder spätestens nach dem 2. Tag aufgebraucht, es können also keine negativen Einflüsse auf das Heilmittel durch wiederholtes Öffnen des Behälters entstehen.

Bach-Blütentherapie

Die Bach-Blütentherapie wurde von dem englischen Arzt Dr. Edward Bach entwickelt. Edward Bach, im Jahre 1886 in der Nähe von Birmingham geboren, studierte an der Universität von Cambridge Medizin und wandte sich im Anschluß daran der bakteriologischen Forschung zu. Er entwickelte die sieben berühmten Bach-Nosoden, mit deren Hilfe er seine Patienten behandelte. Bald machte er die wichtige Entdeckung, daß Menschen mit gleichen emotionalen bzw. psychischen Störungen auf die gleichen Nosoden ansprachen, unabhängig vom körperlichen Beschwerdebild. Daraufhin bezog er die seelische Verfassung, den Gemütszustand seiner Patienten immer mehr in Diagnose und Therapie mit ein.

Nach dem Verkauf seiner Praxis und dem Umzug aufs Land widmete sich Bach ausschließlich der Suche nach den wirksamsten Heilkräften in der Natur. Bis zu seinem Tod im Jahre 1936 fand er 38 Blüten von Blumen und Bäumen, die auf die verschiedenen Seelenzustände der Lebewesen einwirken und die damit in Verbindung stehenden körperlichen Beschwerden lösen helfen. Durch spezielle Methoden gelang es ihm, die »Seele der Blüten« dem Menschen verfügbar zu machen.

Rescue Remedy nimmt eine besondere Stellung ein. Es handelt sich um eine Mischung aus 5 verschiedenen Blüten-Essenzen (Cherry Plum, Clematis, Impatiens, Rock Rose und Star of Bethlehem), die bei allen Schockzuständen wie Verletzungen, Unfällen und dgl. einzusetzen ist. Rescue Remedy ist auch als Creme im Handel erhältlich und kann bei allen Verletzungen, Verstauchungen, Prellungen etc. äußerlich aufgetragen werden.

Edward Bach entwickelte seine Blütentherapie ursprünglich für die Behandlung von Menschen. Doch zeigte sich in der Folge, daß Tiere, ja sogar Pflanzen, mit den Blüten erfolgreich behandelt werden können.

Psychische Beschwerden, etwa im Alter, lassen sich mit Bach-Blüten therapieren.

Anwendung der Bach-Blüten

Die Bach-Blüten können in der Apotheke als Urtinktur oder als fertige Mischung bezogen werden. Üblicherweise werden die Mischungen unter Zugabe von Alkohol oder Essig zubereitet. Achten Sie beim Kauf einer bereits fertigen Mischung darauf, daß sie ausschließlich mit Quellwasser bereitet wird, da sich Katzen gegen den Geschmack von Alkohol oder Essig heftig wehren.

Wenn Sie die entsprechenden Mischungen selbst herstellen wollen, gehen Sie folgendermaßen vor: Geben Sie jeweils 2 Tropfen aus der Stockbottle (Vorratsflasche) in 30 ml Quellwasser (Mineralwasser ohne Kohlensäure).

Von Rescue Remedy verwenden Sie 4 Tropfen aus der Stockbottle auf 30 ml Quellwasser.

In der Regel werden nur die Bach-Blüten gemischt, die für das entsprechende Krankheitsbild am zutreffendsten sind. Nach Edward Bach können bei Bedarf jedoch bis zu 5 Blüten in eine Mischung gegeben werden.

Verabreichung der Bach-Blüten

Folgende Methoden der Verabreichung haben sich bei der Katze bewährt:

● Mit Hilfe der Pipette geben Sie 2 Tropfen der Mischung direkt ins Maul

● Sie mischen 5 Tropfen davon in das Futter oder Trinkwasser

● Sie reiben einige Tröpfchen in die Vorderpfote, damit die Katze das Mittel beim Putzen und Schlecken aufnehmen kann.

Besuch beim Therapeuten

Haben Sie ein junges Kätzchen erworben, werden Sie sich bald Gedanken machen, was zu tun ist, wenn das Tierchen krank wird. Meist ist die Grundimmunisierung (→ Seite 17) der kleinen Katze der erste Termin, der Sie zu einem Therapeuten führt. Bei einer älteren Katze werden die alljährlichen Impftermine und Kotuntersuchungen auf Würmer die häufigsten Anlässe sein, einen Tierarzt zu konsultieren.

Da es immer einmal vorkommen kann, daß Ihre Katze tatsächlich krank wird, sollten Sie sich schon vorab einige Gedanken machen, was für den Besuch beim Therapeuten wichtig ist. Als Gedankenstütze kann die Checkliste auf dieser Seite dienen.

Wichtig: Je akuter das Krankheitsbild ist, desto schneller sollten Sie sich um einen Termin beim Therapeuten bemühen.

Vor dem Besuch

Ein Besuch beim Therapeuten ist nicht nur für die Katze, sondern auch für den Menschen mit Herzklopfen verbunden. Einige grundlegende Vorkehrungsmaßnahmen werden Ihnen und Ihrem Tier diesen Gang erleichtern:

● Bringen Sie die Katze immer in einem vertrauten Körbchen, Käfig oder Karton in die Praxis. Stellen Sie den Behälter bereits einige Tage vor dem Termin in der Wohnung auf, damit sich das Kätzchen daran gewöhnen kann.

● Lassen Sie die Katze im Auto und im Wartezimmer immer im Käfig, damit sie nicht davonläuft und damit es (v. a. in der Praxis) keine unliebsamen Auseinandersetzungen mit anderen Tieren gibt.

● Gehen Sie mit dem Kätzchen im Käfig in den Behandlungsraum, schildern Sie dem Therapeuten

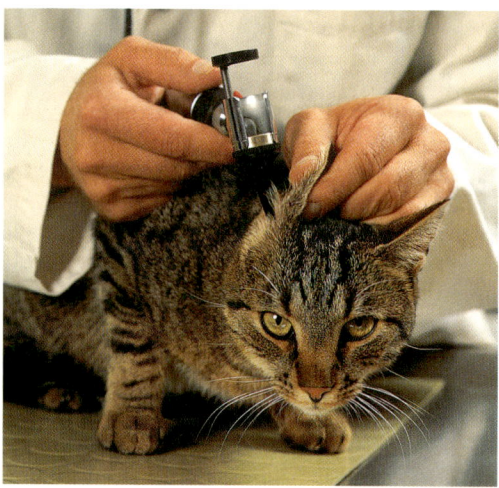

Der Therapeut untersucht die Ohren routinemäßig auf Veränderungen.

Fragen, die Sie vor dem Besuch beim Therapeuten klären sollten

✔ Seit wann beobachten Sie, daß Ihre Katze nicht mehr so munter ist?

✔ Welche Krankheitszeichen wie Nasenausfluß, Augentränen, Mundgeruch, Erbrechen, Durchfall, Appetitmangel oder Lahmheit sind Ihnen aufgefallen?

✔ Sind die Körperöffnungen verklebt, verkrustet, mit Sekret behaftet?

✔ Wie hoch ist die Körpertemperatur?

✔ Wie hoch ist der Puls?

✔ Sind Ihnen Besonderheiten aufgefallen, wenn die Katze auf die Toilette geht?

Ihr Anliegen und Ihre Beobachtungen. Nehmen Sie das Tier erst zur Untersuchung und Behandlung aus dem Käfig.

● Schreien Sie Ihre Katze nie an oder üben gar Zwangsmaßnahmen aus; Sie lösen damit nur Panik aus und das Tier läuft mit Sicherheit weg.

● Halten Sie mit Ihrer Katze auf dem Behandlungstisch immer Körperkontakt, indem Sie das Tier streicheln und beruhigen. In einer solchen Atmosphäre werden sogar Spritzen und größere Behandlungsmaßnahmen toleriert.

Operationen

Ein besonderer Besuch beim Tierarzt ist ein Operationstermin, z. B. zur Zahnsteinentfernung, Zahnextraktion oder zur Kastration, weil die Katze dazu narkotisiert werden muß.

Zur Operationsvor- und -nachsorge wird Ihnen der operierende Tierarzt sicher genaue Anweisungen geben. Zusätzlich sollten Sie folgende aus meiner Sicht wichtige Punkte beachten:

● Drei Tage vor und 3 Tage nach jeder Operation verabreichen Sie zur Stabilisierung des Organismus 2mal am Tag 5 Globuli Arnica D12. Sie bewirken dadurch auch eine bessere Verträglichkeit des Narkosemittels.

● Stellen Sie einen halben Tag vor der Operation die Fütterung ein; ein voller Magen kann bei der Narkose zu Erbrechen führen und am Erbrochenen kann die Katze ersticken.

● Lassen Sie die Katze vor einer Operation nicht mehr ins Freie. Katzen sind sehr sensibel und erahnen derartige Ereignisse oft, so daß sie plötzlich verschwunden sind. (Falls dies passiert, verständigen Sie rechtzeitig den Tierarzt, damit ihm die aufwendige Operations-Vorbereitung erspart bleibt).

● Nach Routine-Operationen können Sie in der Regel die Katze mit nach Hause nehmen.

Legen Sie das Tier in sein Körbchen und stellen Sie das Körbchen mit der schlafenden Katze an einen

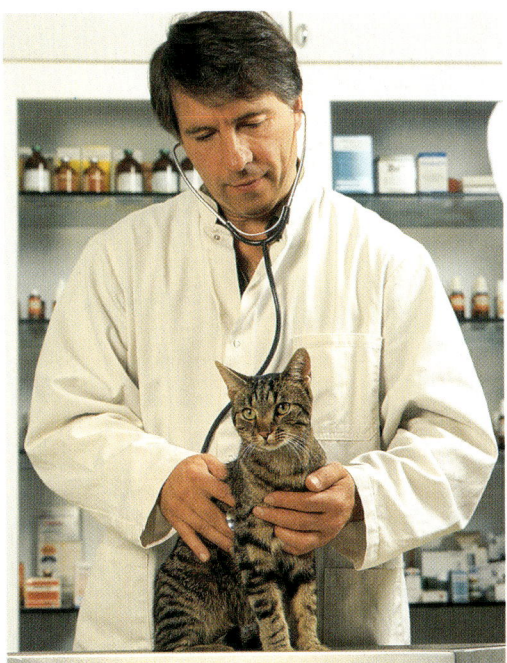

Durch Abhören des Brustbereichs erkennt der Therapeut Erkrankungen der Atmungsorgane.

warmen, ruhigen Ort (bei Unterkühlungsgefahr kann man auch eine Wärmflasche hineinlegen). Kontrollieren Sie, daß das Maul geöffnet und frei von Erbrochenem ist, um die Atmung nicht zu behindern. Lassen Sie das Tier v.a. in der Aufwachphase in Ruhe, aber beobachten Sie seine Reaktionen.

● Am Operationstag bekommt die Katze nur Wasser, am nächsten Tag kann sie dann wieder fressen, muß aber noch nicht. Gerade nach größeren Operationen kann es sein, daß Katzen 1 – 2 Tage keine Nahrung aufnehmen.

● In der Regel werden nach 8 – 10 Tagen die Fäden gezogen, was bei der Katze unproblematisch ist und ohne Narkose geschieht.

Krankheiten selbst behandeln

Der Anblick einer gesunden Katze, die sich munter und interessiert in ihrem Wohnbereich bewegt und den Menschen umschmeichelt, erfreut jeden Katzenliebhaber. Und man wird alles unternehmen, daß das Tier auch weiterhin gesund bleibt. Trotzdem kommt es hin und wieder vor, daß die Katze erkrankt. In solchen Fällen fragt sich der Katzenbesitzer natürlich, ob er gleich zum Therapeuten gehen muß oder ob er nicht selbst seinem Liebling helfen kann. Die Tabelle auf den nächsten Seiten ermöglicht Ihnen das schnelle Erkennen einer Krankheit. Oft wird dem Tier dadurch der manchmal belastende Weg im Körbchen zum Therapeuten erspart. Auch tut einer kranken Katze die vertraute Umgebung zuhause ebenso gut wie die liebevolle Behandlung des menschlichen Freundes.

Symptome	Mögliche Ursachen, bei denen Sie selbst helfen können	Alarmzeichen, wenn diese Symptome hinzukommen
Abmagerung	Paarungszeit, vermehrte Aktivität	Erbrechen, Durchfall, Mundgeruch, Anämie
Appetitmangel	frißt bei Nachbarn, fängt viele Mäuse, Fressen schmeckt nicht	Allgemeinsymptome wie Speicheln, Durchfall, Erbrechen, Fieber
Atemnot	Fremdkörper (Spelz) im Rachenraum	Fieber, Flankenatmung, Husten, Nies Würgen
Bauch, voll und dick	Viel gefressen, blähendes Futter, Futterumstellung, Fettsucht, weibliche Tiere trächtig	Schmerzen, Erbrechen, kein Kotabsa deutliche Darmgeräusche wie Koller oder Rumpeln, Scheidenausfluß, Ate not
Durchfall	Futterumstellung, Futter verdorben, frißt zu gierig, Milchunverträglichkeit	Fieber, Erbrechen, Durchfall wäßrig-schaumig-blutig, Durchfall mit Abga von Parasiten
Erbrechen	Überfressen, Haarwechsel, beim Autofahren	Durchfall, Fieber, blasse Schleimhäut verspannter Bauch, Schmerzen
Frißt nicht	Überfressen; Futter ist zu heiß, zu kalt, alt, ungewohnt	Speicheln, Mundgeruch, Fieber, Apat
Frißt viel	Nach Fastentag, bekommt zuwenig, nächtelang unterwegs, Futterneid	Nickhautvorfall, Abmagerung, trinkt viel
Haarausfall	Haarwechsel	Ruhelosigkeit, Juckreiz, Würmer im k
vermehrter Harnabsatz	Harnspritzen, viel getrunken, Unruhe vor der Geburt	Abmagerung, blutiger Urin, schmerzhafter Bauch, Scheidenausfluß
verminderter Harnabsatz	Kalte Jahreszeit, viel unterwegs	Bauch voll, hart und schmerzhaft, Apathie, Fieber

Mögliche Diagnose	Krankheitsbeschreibung und Behandlung
Chronische Magen-Darmentzündung	Seite 53, 54
Virusinfektion	Seite 94
Parasiten im Magen-Darmbereich	Seite 89 – 91
Entzündung der Mundschleimhaut/Zahnfleisch	Seite 40
Infektion mit Viren oder Bakterien	Seite 92 – 98
Erkrankung von Leber, Niere oder Bauchspeicheldrüse	Seite 58, 60, 78
innere Verletzung nach Unfall **sofort zum Therapeuten!**	
Tumor	Seite 75
Katzenschnupfen	Seite 92
Kehlkopfentzündung	Seite 46
Lungenentzündung	Seite 49
Darmverschluß **sofort zum Tierarzt oder in die Klinik!**	
Verstopfung, Magen- und/oder Darmentzündung	Seite Seite 56, 53, 54
Nierenversagen oder Harnverhalten	Seite 60
Geburtskomplikation **sofort zum Therapeuten!**	
FIP	Seite 95
(Magen)-Darmentzündung	Seite 54
Bauchspeicheldrüsenentzündung	Seite 78
Lebererkrankung	Seite 58
Darmparasiten	Seite 89 – 91
Virusinfektionen (Katzenseuche, Leukose)	Seite 94
Magen-Darmentzündung	Seite 53, 54
Fremdkörper **sofort zum Therapeuten!**	
Parasitose	Seite 86 – 91
Entzündung der Mundschleimhaut/Zahnfleisch	Seite 40
Fremdkörper im Maul **sofort zum Therapeuten!**	
Katzenseuche	Seite 94
Drüsenerkrankungen (Bauchspeicheldrüse, Schilddrüse)	Seite 77, 78
Parasitose	Seite 86 – 91
krankhafter Haarausfall, Hautpilz	Seite 72, 98
Darmparasiten	Seite 89 – 91
Vergiftung	Seite 112
Bauchspeicheldrüsenentzündung, Zuckerkrankheit	Seite 78
Entzündung der Nieren und/oder Blase	Seite 60, 63
Gebärmutterentzündung	Seite 66
Nierenversagen **sofort zum Therapeuten!**	
Blasensteine	Seite 64

Symptome	Mögliche Ursachen, bei denen Sie selbst helfen können	Alarmzeichen, wenn diese Symptome hinzukommen
Hautausschlag	Umschriebener, kleiner Bezirk, kratzt sich gelegentlich, zuviel Trockenfutter, Flohstich	Haarausfall, Juckreiz, Rötung, Schuppung
Husten	Hat sich verschluckt, würgt Gras mit Haaren aus	Erbrechen, verstärkte Atmung, Augenentzündung, Speicheln, Fieb
Juckreiz am Ohr	Geringgradige Rötung am Ohrkanal, Bißverletzung, Zecke	Ausfluß, Rötung, Schwellung
Lahmheit	Gering- bis mittelgradig: vertreten, verklebte Haare zwischen den Ballen	Hochgradige Lahmheit, abnorme Stellung des Beins, eingetretener Fremdkörper, Verletzung
vermehrtes Lecken (Haut und Scheide)	Normale Fellpflege, Ektoparasiten (gering), Rolligkeit, beginnende Geburt, Insektenstich	Haarausfall, Juckreiz, starker Parasitenbefall, Abmagerung, Ausfl
Mundgeruch	Einseitige Ernährung (Fisch)	Speichelausfluß, frißt nicht, Würge bewegungen
Niesen	Staub, Grannen oder Fremdkörper in der Nase	Schnupfen, Nasenausfluß, Fieber, Augentränen, Appetitlosigkeit
Speicheln	Fremdkörper, Zahnung, Autofahren	Mundgeruch, frißt nicht, Krämpfe, Schluckbeschwerden
trinkt viel	Heiße Jahreszeit, viel Trockenfutter	Großkalibrige Stühle, häufiges Wass lassen, frißt viel, Scheidenausfluß
Umfangs- vermehrung, örtlich begrenzt	Blasenbildung, entzündliche Schwellung nach Verletzung	Hitze und Schmerzhaftigkeit, hart, wächst kontinuierlich weiter, Sekret
Verstopfung	Zuviel Trockenfutter oder Knochen, Haarwechsel	Bauch hart, Schmerzen, Herz und P beschleunigt
Zwang ohne Absatz von Kot oder Urin	After verschmiert, Verstopfung im Haarwechsel, nahende Geburt	Apathie, Ruhelosigkeit, Schmerz- äußerung, blutiger Ausfluß

Mögliche Diagnose	Krankheitsbeschreibung und Behandlung
Ekzem	Seite 73
Ektoparasiten, Hautpilz	Seite 86 – 88, 98
Lebererkrankung	Seite 58
Entzündung des Kehlkopfs und/oder der Bronchien	Seite 46, 47
Katzenschnupfen	Seite 92
Fremdkörper im Rachen **sofort zum Therapeuten!**	
Entzündung des äußeren Gehörgangs, Blutohr	Seite 38, 39
Zerrung am Bein	Seite 80
Knochenbruch	Seite 82
Gelenkentzündung, Phlegmone	Seite 81, 70
Hautausschlag: Ekzem, Hautpilz	Seite 73, 98
Gebärmutterentzündung	Seite 66
Geburtskomplikation **sofort zum Therapeuten!**	
faulig: Entzündung der Mundschleimhaut, Zahnstein, fauler Zahn	Seite 40, 42
süßlich: Nierenentzündung	Seite 60
Schnupfen, Katzenschnupfen	Seite 45, 92
Entzündung der Mundschleimhaut	Seite 40
Fremdkörper im Maul **sofort zum Therapeuten!**	
Tollwut **sofort zum Amtstierarzt!**	
Vergiftung	Seite 112
Bauchspeicheldrüsenentzündung, Zuckerkrankheit	Seite 78
Nierenerkrankung	Seite 60
Gebärmutterentzündung	Seite 66
Abszeß	Seite 69
Tumor	Seite 75
Hämatom/Blutohr	Seite 39
Darmverschluß **sofort zum Tierarzt oder in die Klinik!**	
Tumor im Darm **sofort zum Tierarzt oder in die Klinik!**	
Darmwürmer	Seite 89 – 91
Blasensteine	Seite 64
Verstopfung	Seite 56
Geburtskomplikation **sofort zum Therapeuten!**	
Lähmung	Seite 83

Erkrankungen im Kopfbereich

Erkrankungen im Kopfbereich können die Katze stark beeinträchtigen, wenn sie jagt, da Augen, Ohren und der Maulbereich immer gefordert sind. Bei der Körperpflege sollte deshalb besonderes Augenmerk darauf gelegt werden, um eine Entzündung frühzeitig zu erkennen.

Krankheiten in diesen Körperregionen erfordern äußerste Sorgfalt bei der Behandlung. Bei einer schwerwiegenden Erkrankung sollte immer der Therapeut zu Rate gezogen werden.

Zum Aussehen gesunder Augen und Ohren → Gesundheits-Check, Seite 8.

Bindehautentzündung

Eine entzündete Schleimhaut des Auges heißt Bindehautentzündung oder Konjunktivitis. So häufig wie das Vorkommen sind auch die Ursachen bei Katzen.

Krankheitsbild

Tränende Augen sind oft das erste Zeichen einer Augenentzündung. Die starke Rötung und die ödematöse (→ Seite 123) Schwellung der Schleimhaut reizen das Auge. Oft kommt noch Juckreiz dazu, dann reibt sich die Katze mit den Pfoten über das betroffene Auge. Die Entzündung kann sich dabei so verstärken, daß die Lider anschwellen und das Auge verschließen. Lichtempfindlichkeit und Schmerzen sind die Folge.

Bei Katzenrassen mit kurzer Gesichtsform, z.B. Perserkatzen oder Exotisch Kurzhaar, ist ein tränendes Auge keine Seltenheit.

Ursachen

Eine einseitige Entzündung ist meist die Folge einer Verletzung, z.B. an einem Ast, oder eines Fremdkörpers im Auge wie Sporen, Grannen oder Pollen. Auch ein starker Luftzug oder die Entzündung des Tränennasenkanals, durch den die Tränenflüssigkeit abfließt, können Auslöser sein.

Eine beidseitige Augenentzündung ist oft Begleitsymptom einer Virusinfektion wie Katzenschnupfen (→ Seite 92). Aber auch Infektionen mit Bakterien (z.B. Chlamydien) sowie allergisch bedingte Erkrankungen kommen in Betracht.

Selbstmaßnahmen

Äußerlich behandeln Sie Verletzungen im Bereich um das Auge mit Calendula- oder Traumeel-Salbe. Für die Reinigung im Auge eignet sich Augentrost, Euphrasia. Dazu mischen Sie die Urtinktur des Augentrostes mit abgekochtem Wasser im Verhältnis 1:10 (z.B. 10 ml Augentrost mit 100 ml Wasser) und reinigen das Auge mit einem Wattebausch, der mit der körperwarmen Lösung getränkt ist.

Beide Maßnahmen können mehrmals am Tag durchgeführt werden.

Ab und zu sollten Sie die Tränenrinnen mit einem Papiertuch abwischen.

● Homöopathische Einzelmittel

Bei einer Bindehautentzündung mit dickem, wundmachendem Sekret, tränenden Augen, mildem Schnupfen und geschwollenen Lidern ist Euphrasia D12 angesagt.

Pulsatilla D12 ist das richtige Mittel bei einem grünlich-gelben Ausfluß mit entzündeten und verklebten Lidern.

● **Bach-Blüten**

Reagiert Ihre Katze   dann geben Sie
mit einem
»seelischen« Trauma .... Star of Bethlehem
überempfindlich,
allergisch .... Beech, Crab Apple,
                                        Willow
mit laufender Nase
und Niesen .... Crab Apple, Hornbeam
apathisch .... Wild Rose

● **Komplexmittel**
Bei Entzündungen verabreichen Sie Oculoheel-Tabletten, bei stark eitriger Entzündung Mercurius-Heel-Tabletten. Ist die Entzündung durch eine Verletzung entstanden, helfen Traumeel-Tabletten; letztere können gut mit den anderen Mitteln kombiniert werden.

Zur Dosierung aller Heilmittel → vordere Umschlagseite.

Wann zum Therapeuten?

Sie sollten auf jeden Fall einen Therapeuten konsultieren, wenn eine schwere Augenentzündung vorliegt, die eigenen Behandlungsmaßnahmen keine Besserung bringen, bei Allgemeinerkrankungen oder bei Verdacht auf Katzenschnupfen.

Welche Therapiemaßnahmen beim Therapeuten?

Der Therapeut wird Tropfen mit einem örtlichen Beruhigungsmittel in das Auge träufeln, um die Entzündung beurteilen und evtl. vorhandene Fremdkörper beseitigen zu können. Ist eine Virusinfektion die Ursache, wird er eine Allgemeinbehandlung durchführen; bei einer bakteriellen Entzündung muß evtl. ein Antibiogramm (→ Seite 122) zur Keimbestimmung angelegt werden.

Vor- und Nachsorge

Die Impfung gegen Katzenschnupfen (→ Seite 92) macht die Katzen auch gegen Augenentzündungen widerstandsfähiger. Ist Ihre Katze anfällig für Augentränen, sollten Sie vorsorglich Euphrasia verabreichen, besonders im Herbst und Frühjahr, wenn kalte Winde die Augen reizen.

Rasse-Dispositionen

Perserkatzen sind aufgrund ihrer Kopfform anfälliger für Konjunktivitis als andere Rassen.

Verletzungen der Hornhaut

Der vordere durchsichtige Teil des Augapfels ist die Hornhaut (Cornea). Entzündungen (Keratitis) und Verletzungen in diesem Bereich sind sehr unangenehm; die Sehfähigkeit ist stark eingeschränkt. Auch Hornhautgeschwüre können auftreten.

Krankheitsbild

Die Katze ist sehr lichtscheu, sie schließt die Augen und sucht oft dunkle Plätze auf. Die sonst durchsichtige Hornhaut ist verfärbt und trüb. Gefäße sprossen ein, bei Fortschreiten der Entzündung baut sich ein geschwüriger Herd auf.
Eine zusätzliche Bindehautentzündung kann die Krankheit noch verstärken.

Ursachen

Ursache einer Hornhautverletzung können Kämpfe unter rivalisierenden Artgenossen, v.a. zur Paarungszeit, ein Fremdkörper, der reibend das Auge reizt, Dornen, Grannen und Zweige sein.
Ist die Hornhaut einmal verletzt, kann sich leicht eine Infektion (z. B. durch Erreger wie Chlamydien)

ausbreiten, wenn die Wunde nicht gezielt versorgt wird.

Eine Bindehautentzündung bei Katzenschnupfen kann sich zu einer Entzündung der Hornhaut ausweiten.

Selbstmaßnahmen

Die äußerliche Behandlung entspricht der bei Bindehautentzündung (→ Seite 34).

● Homöopathische Einzelmittel

Bei jeder Art von Verletzung geben Sie als erstes Arnica D12, bei ganz akuten Verletzungen alle 15 Minuten 1 Dosis.

Reagiert die Katze bei Berührung des Auges sehr schmerzempfindlich oder wird Eiter abgesondert, verabreichen Sie ihr mehrere Tage lang Hepar sulfuris D12, bis die Schmerzen nachlassen. Sollten sich bei chronischem Verlauf die Symptome nachts verschlechtern und das Sekret grünlich sein, so ist Mercurius D12 das richtige Heilmittel.

● Bach-Blüten

Reagiert Ihre Katze mit einem Schock nach der Verletzung, geben Sie ihr Rescue Remedy. Ist sie empfindlich auf Licht, hilft Mimulus.

● Komplexmittel

Verabreichen Sie Oculoheel oder Mercurius-Heel kombiniert mit Traumeel (→ Seite 34).

Zur Dosierung aller Heilmittel → vordere Umschlagseite.

Wann zum Therapeuten?

Bei einer Verletzung der Hornhaut oder bei Geschwüren sollten Sie immer den Therapeuten konsultieren.

Welche Therapiemaßnahmen beim Therapeuten?

Um den Heilungsprozeß einer geschwürigen Hornhautentzündung zu fördern, kann es nötig sein, daß der Tierarzt in Narkose mit einer Naht beide Lider verschließt (sog. Lidbindehautschürze). Nach 10 – 14 Tagen werden die Nähte entfernt und der Zustand des Auges beurteilt.

Vor- und Nachsorge

Verletzungen bei Streifzügen lassen sich nicht vermeiden. Bei Katern, die öfter mit Verletzungen nach Hause kommen, kann man eine Kastration (→ Seite 19) in Erwägung ziehen.

Regelmäßige Schutzimpfungen (→ Seite 17) schützen vor Virusinfektionen.

Ist das Auge operativ versorgt worden, wird der Tierarzt die nötigen Anweisungen geben.

Nickhautvorfall

Die Nickhaut, auch drittes Augenlid, ist bei einer gesunden Katze nicht sichtbar. Sie befindet sich im inneren Augenwinkel nahe der Nasenwurzel und wird von Ober- und Unterlid verdeckt.

Krankheitsbild

Ein Nickhautvorfall äußert sich durch Anschwellen und Hervortreten der Nickhaut, die dann das Auge teilweise oder ganz wie ein weißes Fell überdeckt. Er kann sowohl ein- als auch beidseitig auftreten.

Ursachen

Die häufigste Ursache für einen einseitigen Nickhautvorfall ist eine Verletzung. Durch einen Stoß oder Schlag kann der zuführende Nerv geschädigt werden, so daß aufgrund der Lähmung das dritte Augenlid vorfällt.

Ein beidseitiger Nickhautvorfall kann die Folge eines allergischen Prozesses, ausgelöst durch eine starke Verwurmung, sein. Weitere mögliche Ursachen sind eine entzündliche Erkrankung im Magen-Darmtrakt sowie Infektionskrankheiten (z. B. Katzenseuche).

Auch psychischer Streß wie Änderung der vertrauten Umgebung kann sich als Nickhautvorfall äußern.

Selbstmaßnahmen

Liegt eine Verletzung vor, spülen Sie das Auge mit Euphrasia, wie auf Seite 34 beschrieben.

Wichtig: Bei einem Fremdkörper im Auge darf keine lokale Behandlung erfolgen, da noch mehr Schaden verursacht werden kann.

● **Homöopathische Einzelmittel**
Verabreichen Sie Arnica D12, bis sich eine Besserung einstellt.
Bei starker ödematöser (→ Seite 123) Schwellung geben Sie Apis D12 über mehrere Tage.

● **Bach-Blüten**

Reagiert Ihre Katze	dann geben Sie
auf Umgebungswechsel	Walnut
mit Symptomen nach Verletzung	Star of Bethlehem
mit einem Ödem nach Verwurmung	Crab Apple
mit Schnupfen	Crab Apple, Hornbeam
allergisch, überempfindlich	Crab Apple, Beech, Willow

● **Komplexmittel**
Verabreichen Sie mindestens 3mal am Tag, in akuten Fällen auch öfter, 1 Traumeel-Tablette direkt ins Maul; Sie können auch 5 Tabletten in Wasser auflösen und über den Tag verteilt verabreichen. Bei Besserung reduzieren Sie die Eingaben.

Zur Dosierung aller Heilmittel → vordere Umschlagseite.

Wann zum Therapeuten?

Ein verletztes Auge, eine Allgemeininfektion sowie ein länger bestehender Nickhautvorfall bedürfen immer einer Beurteilung durch den Therapeuten.

Welche Therapiemaßnahmen beim Therapeuten?

Der Therapeut wird das Auge, evtl. auch den Augenhintergrund, genau betrachten. Fremdkörper werden in der Regel mit einer lokalen Betäubung entfernt.
Wenn sich Katzen allen örtlichen Maßnahmen widersetzen, muß der Tierarzt die Katze in Narkose behandeln.
Bei einer Infektionskrankheit wird der Therapeut eine gezielte homöopathische Behandlung durchführen.

Vor- und Nachsorge

Da die häufigste Ursache für Nickhautvorfall eine Verwurmung ist, sollten Sie Ihre Katze regelmäßig auf Würmer untersuchen und ggf. entwurmen lassen.
Sind örtliche Augenbehandlungen angezeigt, sollten sie solange durchgeführt werden, bis das Auge gesund ist. Bei unzureichender Therapie kann das Entzündungsgeschehen chronisch werden.

Entzündung des äußeren Gehörgangs

Diese Erkrankung, auch Otitis externa genannt, ist bei Katzen relativ häufig und kann vom Katzenbesitzer oft früh erkannt werden. Manchmal dauert es jedoch lange, bis die Symptome wieder abgeheilt sind.

Krankheitsbild

Im Anfangsstadium zeigt die Katze noch wenig Symptome, die auf eine Entzündung des äußeren Gehörgangs hinweisen. Deutliche Anzeichen dieser Erkrankung treten nach etwa 1–2 Wochen auf; sie äußern sich dadurch, daß die Katze ihren Kopf schief hält und daß sie immer wieder an einem Ohr kratzt (meist sind beide Ohren betroffen, aber eines davon wesentlich stärker). Durch den heftigen Juckreiz wird der Zustand immer schlimmer, außerdem wird durch das ständige Kratzen auch der äußere Ohrbereich wund und fängt an zu nässen.

Im Gehörgang befindet sich eine dunkel verschmierte Masse, die verklebt und zu dicken, krustigen Borken eingetrocknet ist. Oft ist die Entzündung dann so schmerzhaft, daß man die Katze im Ohrbereich nicht mehr berühren darf, ohne angefaucht zu werden.

Ursachen

Verursacher dieser heftigen Ohrenentzündung sind meist kleine Parasiten, die Ohrmilben (→ auch Seite 87), die im Gehörgang schmarotzen; ihre Ausscheidungsprodukte bilden mit dem Ohrschmalz die dunklen Krusten, die den Gehörgang gänzlich verlegen können.

Die Ansteckung findet durch engen Kontakt von Katze zu Katze, von Hund zu Katze, aber auch umgekehrt, statt. Besonders dramatisch kann eine Ohrenentzündung bei Jungtieren ablaufen, die von ihrer Mutter angesteckt worden sind.

Weitere Ursachen für eine Otitis externa sind Fremdkörper, Bakterien und auch Pilze.

Selbstmaßnahmen

Wichtig: Reinigen Sie die Ohren in den ersten Tagen auf keinen Fall mit Ohrstäbchen (Q-Tips), da Sie die Borken nur noch weiter in das Ohr schieben und dadurch den Gehörgang gänzlich verstopfen.

Behandeln Sie den äußeren Gehörgang mit einem Ohrreiniger (beim Tierarzt erhältlich) oder mit Perubalsam (Apotheke), der die Milben abtötet. Ist der Bereich um das Ohr wund und entzündet, bringt das Auftragen einer Calendula- oder Traumeel-Salbe schnelle Linderung.

● Homöopathische Einzelmittel

Verabreichen Sie innerlich 3- bis 6mal täglich 1 Dosis Calendula D6.

Zur äußerlichen Behandlung träufeln Sie in den Gehörgang 2mal täglich 4–6 Tropfen der Calendula-Urtinktur, die Sie durch vorsichtiges Massieren der Ohren verteilen. Je nach Schweregrad wird die Behandlung 3–7 Tage lang durchgeführt.

● Bach-Blüten

Eine Entzündung, hervorgerufen durch Milben, behandeln Sie mit Crab Apple, bei quälendem Juckreiz verabreichen Sie Cherry Plum und Crab Apple.

● Komplexmittel

Mercurius-Heel ist das Mittel der Wahl, wenn eine eitrige Entzündung vorliegt. Es kann mit Traumeel-Tabletten kombiniert werden, wenn die Katze neben der Entzündung sehr empfindlich und schmerzhaft reagiert. Von beiden Mitteln geben Sie 3mal täglich 1 Tablette.

Zur Dosierung aller Heilmittel → vordere Umschlagseite.

Wann zum Therapeuten?

Bei hartnäckigen und therapieresistenten (→ Seite 123) Ohrenentzündungen sollten Sie die Behandlung dem Therapeuten überlassen, damit das Krankheitsgeschehen nicht chronisch wird.

Welche Therapiemaßnahmen beim Therapeuten?

Durch die Betrachtung des Gehörgangs sowie des Trommelfelles mit dem Otoskop (Ohrenspiegel) verschafft sich der Therapeut Klarheit über das Ausmaß der Entzündung. Dabei ist wichtig zu klären, ob eine Infektion mit Milben, Bakterien oder Pilzen vorliegt.
Verbessert sich die Entzündung nicht, wird der Tierarzt eine Keim-Kultur zur Erregerbestimmung und gezielten Behandlung ansetzen. Mehrmalige Injektionen gegen Milben und örtliche Behandlungen mit Ohrtropfen können notwendige Maßnahmen sein.

Vor- und Nachsorge

Eine regelmäßige Kontrolle der Ohren zur Früherkennung von Entzündungen ist sinnvoll. Besonderen Wert auf die Pflege der Ohren sollten Sie bei trächtigen und säugenden Kätzinnen legen, da die Erkrankung auf die Jungtiere übergeht und schwere Störungen verursacht (Mittelohrentzündung, Gehirnstörungen, Tod).
Wegen der Übertragungsgefahr sind kranke Katzen gründlich zu behandeln und von gesunden Tieren fernzuhalten. Die Behandlung wird erst bei einer Heilung abgesetzt, chronische Ohrentzündungen resultieren oft aus einer ungenügenden Behandlung.

Verletzungen des Ohres

Krankheitsbild

Die Ohren sind eingeschlitzt und bluten.
Eine besondere Form der »innerlichen« Verletzung ist das Blutohr (Othämatom), ein Bluterguß *zwischen* Haut und Ohrknorpel, der durch ein geplatztes Gefäß entsteht. Diese Sickerblutung kommt erst zum Stillstand, wenn durch die pralle Blutfüllung das Gefäß zusammengedrückt wird. Das Resultat ist ein dickes Ohr mit kissenartiger Beschaffenheit.
Die ungleichmäßige Gewichtsverteilung sowie das lästige Blutohr veranlassen die Katze, den Kopf andauernd zu schütteln, was natürlich alles noch verschlimmert.

Ursachen

Verletzte Ohren sind Zeugnis von harten Kämpfen zwischen Rivalen.
Ein Blutohr entsteht durch eine heftig juckende Ohrenentzündung, die die Katze buchstäblich wahnsinnig macht. Kratzen und Schütteln lindern diesen Zustand etwas, dafür können aber dann inwendig kleine Blutgefäße geschädigt werden.

Selbstmaßnahmen

Auf äußere Verletzungen tragen Sie Calendula-Salbe auf, auf ein dickes Ohr Traumeel-Salbe, jeweils 3mal täglich dünn und vorsichtig.

● Homöopathische Einzelmittel
Bei verletzten Ohren verabreichen Sie der Katze Arnica D12. Da die Resorption eines Blutgusses Wochen in Anspruch nimmt, sollte die Behandlung auch mindestens 2   3 Wochen andauern

● **Bach–Blüten**

Bei einer inneren Verletzung geben Sie Rescue Remedy oder Star of Bethlehem.

● **Komplexmittel**

Traumeel-Tabletten, über 3 Wochen gegeben, werden der kranken Katze helfen.

Zur Dosierung aller Heilmittel → vordere Umschlagseite.

Wann zum Therapeuten?

Schwere Verletzungen an den Ohren sollten Sie besser von einem Therapeuten beurteilen lassen.

Welche Therapiemaßnahmen beim Therapeuten?

Die gängigen Ohrverletzungen sind gut in den Griff zu bekommen.
Ein Blutohr bereitet der Katze erhebliche Beschwerden, so daß auch gelegentlich eine chirurgische Versorgung notwendig wird. Für die Operations-Vorsorge und -Nachbehandlung bekommen Sie Anweisungen vom Therapeuten.

Vor- und Nachsorge

Da sich Verletzungen an den Ohren vorwiegend bei Katern während der Paarungszeit ereignen, kann bei ganz harten »Fightern« auch eine Kastration (→ Seite 19) in Betracht gezogen werden.

Entzündungen der Mundhöhle

Entzündungen in der Mundhöhle können das Zahnfleisch (Gingivitis) oder die Mundschleimhaut (Stomatitis) betreffen.

Gingivitis kommt bei älteren Katzen gehäuft vor; nicht selten geht diese Erkrankung in ein chronisches Stadium über.
Wird eine Entzündung des Zahnfleisches nicht behandelt, kann sie sich zu einer Stomatitis entwickeln.

Krankheitsbild

A) Bei einer Gingivitis sind die Ränder entlang der Zähne rot entzündet, geschwollen, schwammig und z.T. blutig.
Es können sich Wucherungen (Polypen) und Taschen bilden, in denen Bakterien einen idealen Nährboden zur Vermehrung vorfinden. Setzt sich das Krankheitsgeschehen fort, kann das Kätzchen nicht mehr beißen und kauen, aus dem Mund rinnt oft blutiger Speichel.
B) Bei einer Stomatitis ist die Mundschleimhaut lokal rot entzündet oder mit Eiterstippchen belegt, das Befinden der Katze und die Futteraufnahme sind aber nur unwesentlich beeinflußt.
Breitet sich die Stomatitis in der ganzen Mundhöhle aus, liegt gewöhnlich eine Allgemeininfektion vor, die mit Symptomen wie Apathie, Fieber, Erbrechen, Durchfall oder Blässe der Schleimhäute einhergeht.

Ursachen

A) Eine Ursache für Zahnfleischentzündung kann Zahnstein (→ Seite 42) sein, der das Zahnfleisch reizt und wund werden läßt.
Auch durch Infektionen mit Viren, Bakterien oder Pilzen kann sie ausgelöst werden.
B) Ein lokaler Entzündungsherd kann durch Verletzungen mit Knochen, Fischgräten, Holzsplittern oder Nähnadeln verursacht werden.
Ursache eines schweren Krankheitsgeschehens könnte auch eine Virusinfektion (z. B. Katzenseuche, Leukose) sein.

Selbstmaßnahmen

Zur Abheilung der Entzündung sollten Sie eine Mundspülung vornehmen. Bei umgänglichen und gutmütigen Tieren ist dies mit Salbeitee möglich. Sie können sich aber auch in der Apotheke je 10 g der Urtinktur von Arnica, Calendula und Myrrhe zusammenmischen lassen. Davon geben Sie 1 Teelöffel voll auf ein Glas warmes Wasser und spülen die Mundhöhle der Katze.

● Homöopathische Einzelmittel

Bei einem fauligen bis bestialischen Geruch aus dem Maul, zusammen mit Speichelfluß, verabreichen Sie der Katze Mercurius D12.
Sind die Zähne vereitert, ist die Katze am Kopf sehr berührungsempfindlich und sucht sie die Wärme, dann ist Hepar sulfuris C30, über 4 Tage gegeben, das richtige Mittel.

● Bach-Blüten

Reagiert Ihre Katze	geben Sie ihr
mit Zahnsteinauflagerungen ...	Crab Apple
immer wieder mit entzündlichen Reaktionen	Chestnut Bud
apathisch	Wild Rose
mit Erscheinungen nach Verletzung	Star of Bethlehem

● Komplexmittel

Bei schmerzhaften Entzündungen helfen Traumeel-Tabletten, bei Eiterungsprozessen Mercurius-Heel.

Zur Dosierung aller Heilmittel → vordere Umschlagseite.

Wann zum Therapeuten?

Wenn die Katze nicht mehr frißt, die Zähne dick mit Zahnstein belegt sind sowie bei einer Allgemeinkrankheit sollten Sie zum Therapeuten gehen.

Welche Therapiemaßnahmen beim Therapeuten?

A) Ist Zahnstein die Ursache, muß dieser als erstes entfernt werden. Hält der Krankheitszustand an, sollte auch die medikamentöse Versorgung durch den Tierarzt in Betracht gezogen werden.
B) Neben der Untersuchung der Herz-Lungenfunktion wird die Betrachtung der Mundhöhle einen wichtigen Aufschluß geben. Eine Blutuntersuchung wird nötig, wenn der Verdacht einer Virusinfektion vorliegt.
Bei mäßiger Erkrankung werden fiebersenkende Mittel, evtl. in Kombination mit Nosoden, eingesetzt. Ist die Katze schwer krank, kann neben einer Infusion die Verabreichung von Immunseren (→ Seite 122) nötig sein.

Vor- und Nachsorge

Ist Zahnstein die Ursache, → Seite 43.
Da auch bei Katzenseuche Veränderungen an der Maulschleimhaut auftreten, sollten Sie Ihre Katze regelmäßig impfen lassen, um diesen Krankheitskomplex auszuschließen.

Verletzungen der Mundhöhle

Gerade junge Katzen verletzen sich immer wieder am Kopf, was man durch einige Vorsicht oft vermeiden könnte.

Krankheitsbild

Die Katze speichelt stark, kratzt ständig mit den Pfoten im Maulbereich und ist sehr ruhelos. Die Mundränder können mit blutigem Schleim verschmiert sein; auch eine Fehlstellung des Unterkiefers oder eine Schwellung am Kopf deuten auf eine Verletzung hin.

Ursachen

Bei Unfällen im Straßenverkehr ist oft der Kopf der Katze in Mitleidenschaft gezogen. Stumpfe Traumen, Blutergüsse, Brüche der Knochen und Zähne sind dabei keine Seltenheit.

Auch durch einen Sprung aus hohen Lüften (Balkon, Baum) hat sich schon manche Katze Prellungen und Verstauchungen beim Aufprall auf dem Boden zugezogen, gelegentlich auch einen Bruch des Unterkiefers.

Jungen Tieren wird oft ihr Spieldrang mit interessanten Objekten zum Verhängnis. Festsitzende Nähnadeln mit oder ohne Faden, Gummiringe, eingekeilte Holzteile, querliegende Knochensplitter u. ä. können sich im Maul der Katze so festsetzen, daß ein lebensbedrohlicher Zustand hervorgerufen wird.

Selbstmaßnahmen

Wichtig: Bei vielen Verletzungen ist schnelles Handeln oft lebensrettend. Deshalb sollten Sie eine verunfallte Katze sofort zum Therapeuten bringen.

● Homöopathische Einzelmittel

Verabreichen Sie der Unfall-Katze in den ersten Stunden alle 30 Minuten 1 Dosis Arnica D12.

● Bach-Blüten

Reagiert Ihre Katze	dann geben Sie
mit einem akuten Notfall oder Schocksituation	Rescue Remedy
mit einer körperlichen Verletzung	Star of Bethlehem

● Komplexmittel

Verabreichen Sie der Katze in der ersten Zeit bis zur Klärung der Ursache 1 Traumeel-Tablette alle 1 – 2 Stunden.

Zur Dosierung aller Heilmittel → vordere Umschlagseite.

Wann zum Therapeuten?

Unfall-Katzen gehören sofort zum Tierarzt.

Welche Therapiemaßnahmen beim Therapeuten?

Nach der ersten Untersuchung wird der Tierarzt entscheiden, ob eine Verletzung vorliegt, die nur durch eine Operation geheilt werden kann, oder ob zur Behandlung eine Narkose notwendig ist, z. B. Entfernung eines Fremdkörpers. Auch ein Unterkieferbruch wird in Narkose versorgt.

Vor- und Nachsorge

Achten Sie darauf, daß gefährliche Gegenstände wie Nadeln nicht offen herumliegen.

Um Ihre Katze vor Unfällen auf ihren Streifzügen zu schützen, müßten Sie das Tier ständig einsperren, was jedoch nur zu realisieren ist, wenn das Tier von kleinauf in der Wohnung gelebt hat. Eine mögliche Lösung, um die Katze mehr an daheim zu binden, ist eine Kastration (→ Seite 19).

Zahnstein

Zahnstein oder Plaque sind bräunliche Auflagerungen auf den Zähnen, die v.a. an den Backenzähnen dick, hart und groß sein können. Wird der Zahnstein nicht rechtzeitig entfernt, kann er der Katze gewaltig schaden.

Auch schon junge Tiere (v. a. Perserkatzen) können mit Zahnstein geplagt sein, meist aber erkranken Katzen im fortgeschrittenen Alter.

Krankheitsbild

Zunächst bilden sich auf den Zähnen Beläge, die sich durch Einlagerungen von Kalksalzen zu dicken Plaques auswachsen und den Zahn vollkommen bedecken können. Das Übergreifen auf das Zahnfleisch führt zu einer starken Entzündung und Reizung mit massiver bakterieller Beteiligung. Das Gewebe wird weich und brüchig, örtliche Blutungen sind die Folge.

Das wunde Zahnfleisch bereitet beim Beißen und Kauen furchtbare Schmerzen. Zusätzlich entsteht noch ein übler Mundgeruch und der Speichel fließt beständig.

Ursachen

Neben einer erblichen Disposition ist eine konstitutionelle Anlageschwäche des Kätzchens für diese Erkrankung verantwortlich.

Selbstmaßnahmen

Ist der Zahnstein noch nicht zu stark ausgeprägt, können Sie ihn mit dem Fingernagel abkratzen.

● **Homöopathische Einzelmittel**
Verabreichen Sie Borax D12, wenn das Kätzchen »sabbert« und die Schleimhaut Bläschen bildet, die zu Geschwüren neigen. Ein Schlüsselsymptom von Borax ist die Angst vor Abwärtsbewegungen.
Zu weiteren Einzelmitteln → Zahnfleischentzündung, Seite 40.
Bei Neigung zu Zahnstein wird Calcium carbonicum C30 oder Phosphor C30 als Konstitutionsmittel (→ Seite 123) eingesetzt. Alle 5 Tage 1 Dosis über mehrere Wochen stärkt die Widerstandskraft.

● **Bach-Blüten**
Neigt Ihre Katze zu Zahnstein, hilft Crab Apple, hat sie Auflagerungen, die entfernt werden müssen, geben Sie ihr Gentian.

● **Komplexmittel**
Verabreichen Sie Traumeel und Mercurius-Heel.

Zur Dosierung aller Heilmittel → vordere Umschlagseite.

Wann zum Therapeuten?

Starke Zahnsteinverkrustungen müssen vom Tierarzt entfernt werden.

Welche Therapiemaßnahmen beim Therapeuten?

Vereinzelten Zahnstein an wenigen Zähnen wird der Therapeut mit einem Löffel abkratzen. Widersetzen sich die Tiere oder sind alle Eck- und Backenzähne betroffen, muß der Tierarzt in Narkose mit einem Ultraschallgerät die Zähne gründlich sanieren.

Vor- und Nachsorge

Achten Sie auf abwechslungsreiche und ausgewogene Ernährung (→ Seite 12), da nicht auszuschließen ist, daß auch bei der Katze (wie beim Menschen) einseitige Ernährung Zahnstein verursachen kann.
Neigt Ihre Katze zu Zahnstein, versuchen Sie, ihr regelmäßig die Zähne zu putzen; dazu reiben Sie den Zahnstein mit einem feuchten Lappen und Schlemmkreide ab oder reinigen die Zähne mit einem in Peroxid getränkten Wattestäbchen.

Entzündungen des Rachens

Der Rachenbereich dient aufgrund seiner Organe (Mandeln, Drüsen) der Abwehr. Entzündungen können entweder lokal auf den Rachen (Pharyngitis) beschränkt sein oder sind Teil einer komplexeren Erkrankung. Auch die Rachenmandeln können entzündet sein (Tonsillitis).

Krankheitsbild

Bei Entzündungen des Rachens ist die Schleimhaut stark gerötet, sie kann auch mit unterschiedlichen Auflagerungen oder mit eitrigen Arealen durchsetzt sein. Heftige Schluckbeschwerden machen sich bemerkbar. Die Entzündung greift auch auf die anliegenden Drüsen über.
Die Mandelentzündung läuft in der Regel als lokaler Entzündungsprozeß ab. Dabei vergrößern sich die Mandeln, ihre Oberfläche ist zerklüftet und mit eitrigen Herden durchsetzt.

Ursachen

Entzündungen im Rachen sowie der Mandeln sind meist die Folge von kaltem Wind, Zugluft, Durchnässung, Ernährungsumstellung oder zu kaltem Futter. Auch unterschiedliche Verletzungen in diesem Bereich sind keine Seltenheit.
Als innere Krankheitsursachen spielen Virusinfektionen wie die Katzenseuche eine besondere Rolle.

Selbstmaßnahmen

Eine einfache Methode ist ein Halswickel: Tränken Sie ein Tuch mit kaltem Wasser (evtl. gemischt mit Essig im Verhältnis 3 Teile Wasser und 1 Teil Essig). Zur Durchführung → Seite 46.

● Homöopathische Einzelmittel
Ist eine Rachenentzündung die Folge von kaltem Wind, geben Sie der Katze Aconitum C30.
Treten zur Rachenentzündung deutliche Krankheitssymptome wie hohes Fieber, Berührungsempfindlichkeit oder Drüsenschwellung auf, dann geben Sie Belladonna C30.

● Bach-Blüten
Bei einer akuten Erkrankung geben Sie der Katze Centaury, reagiert sie mit geschwächter Lebenskraft, hilft Larch.

● Komplexmittel
Geben Sie Angina-Heel, 3- bis 6mal täglich 1 Tablette.
Traumeel im Wechsel mit Angina-Heel (jeweils 3 Tabletten pro Tag) beschleunigen die Heilung.

Zur Dosierung aller Heilmittel → vordere Umschlagseite.

Wann zum Therapeuten?

Bringt die Behandlung keine Besserung oder liegt der Verdacht einer Virusinfektion nahe, dann sollte man unbedingt einen Therapeuten konsultieren.

Welche Therapiemaßnahmen beim Therapeuten?

Der Therapeut wird den Rachenraum mit den Mandeln genau betrachten, um aus der Vielzahl von Heilmitteln das richtige Mittel auszuwählen.
Bringen die Naturheilmittel nicht den erwarteten Erfolg, dann muß der Tierarzt eine antibiotische Therapie durchführen. Ein Rachenabstrich zur Keimbestimmung und zur gezielten Behandlung kann den Heilungsprozeß beschleunigen.

Vor- und Nachsorge

Katzen, die empfindlich auf Klimaveränderungen reagieren, schützt man am besten, indem man sie im Haus beläßt. Auch sollten Katzen nie kalte Nahrungsmittel aus dem Kühlschrank erhalten.
Eine artgerechte Ernährung (→ Seite 12) und regelmäßige Impfungen (→ Seite 17) stabilisieren das Immunsystem.

Erkrankungen der Atmungs- und Kreislauforgane

Über die Atemluft wird der Körper mit Sauerstoff sowie mit dem für die Eiweißsynthese wichtigen Stickstoff versorgt. Die Luft gelangt über Nasen-Rachenraum, Kehlkopf, Luftröhre und Bronchien in die Lunge; dort tritt der Sauerstoff in die Blutgefäße ein, gleichzeitig wird Kohlendioxid abgegeben. Durch die rhythmische Tätigkeit des Herzens gelangt das sauerstoffreiche Blut über die Arterien in die Körperzellen. Die Zellen geben Kohlendioxid an das Blut ab, das in den Venen zum Herzen und weiter in die Lunge gelangt; beim Ausatmen wird das Kohlendioxid ausgeschieden.

Erkrankungen im Bereich der Atmungsorgane können in jedem an der Atmung beteiligten Organ auftreten, meist sind jedoch mehrere Organabschnitte betroffen. Nasenkatarrh, eine relativ häufige Erkrankung bei Katzen, ist meist eine Folge des Katzenschnupfens (→ Seite 92).

Erkrankungen im Bereich der Kreislauforgane gehören bei der Katze zur Seltenheit und betreffen eher ältere Tiere. Herzleiden bei jungen Katzen sind meist durch angeborene Herzfehler bedingt.

Nasenbluten

Krankheitsbild

Aus den Nasenlöchern fließt ein- oder beidseitig Blut; dies kann sporadisch oder manchmal auch regelmäßig bis kontinuierlich auftreten. Farbe und Stärke der Blutung können aufschlußreiche Befunde sein.

Ursachen

Meist tritt Nasenbluten (Epistaxis) nach einem Unfall (z.B. einem Fall aus großer Höhe oder Autounfall) auf. Auch Fremdkörper wie Nadeln, Haken oder Grannen, die sich in die Nasenschleimhaut gebohrt haben, können Nasenbluten auslösen. Chronische Nasenverformungen nach Infektionskrankheiten sowie Tumoren in diesem Bereich können weitere Ursachen sein.

Wichtig: Blutet die Katze häufiger aus der Nase und sind die Blutungen schwer zu stillen, d. h., ist die Blutgerinnung verzögert, dann muß auch an eine Bluterkrankheit oder an eine Lebererkrankung gedacht werden.

Selbstmaßnahmen

Zur Linderung tragen Sie äußerlich Rescue-Creme auf oder bringen einen kühlenden Umschlag auf.

● **Homöopathische Einzelmittel**
Nach jedem Unfall verabreichen Sie als erste Maßnahme Arnica D12, evtl. in den ersten Stunden alle 30 Minuten (→ Seite 111).
Bei Blutungen, die nicht zum Stillstand kommen, geben Sie 10 Tage lang Phosphor D12. Einer konstitutionellen Phosphor-Katze (→ Seite 117) verabreichen Sie Phosphor C30, am 1. Tag 4mal und die nächsten 4 Tage 1mal 1 Dosis.
Bei Blutungen aus dem linken Nasenloch und gleichzeitig blassen (anämischen) Schleimhäuten wird Ferrum D12, über 2 Wochen verabreicht, der Katze Heilung bringen.

● **Bach-Blüten**

Reagiert Ihre Katze	dann geben Sie
mit einer verletzten Nase	Star of Bethlehem
mit Blutung nach einem Unfall	Elm
mit unruhigem Verhalten	Agrimony

Wichtig: Nach einem Unfall verabreichen Sie immer zuerst Rescue Remedy und dann eine Mischung aus Elm und Star of Bethlehem.

● **Komplexmittel**

Nasenbluten heilen Sie entweder mit Cinnamomum-Homaccord N (entweder über das Trinkwasser oder mittels einer Einwegspritze direkt ins Maul) oder mit Phosphor-Homaccord. Phosphor geben Sie bei Blutungen bei Nasenkatarrh und Lungenentzündung.

Bei akuten Blutungen können beide Mittel auch halbstündlich verabreicht werden; hat die Blutung aufgehört, geben Sie das Mittel noch 1 Tag weiter und setzen es dann ab.

Zur Dosierung aller Heilmittel → vordere Umschlagseite.

Wann zum Therapeuten?

Kommt die Blutung nicht zum Stillstand oder ist ein Fremdkörper im Nasengang, dann sollten Sie einen Therapeuten aufsuchen. Auch nach den meisten Unfällen bedarf die Katze sofort einer fachmännischen Untersuchung.

Welche Therapiemaßnahmen beim Therapeuten?

Zunächst muß die Ursache der Blutung ergründet werden. Falls ein Fremdkörper bzw. Tumor der Auslöser ist, kann es notwendig sein, daß die Katze in Narkose untersucht und behandelt werden muß.

Vor- und Nachsorge

Nasenbluten als Folge von Infektionen im Nasen- und Nasennebenhöhlenbereich, wie Katzenschnupfen, können Sie durch regelmäßige Impfungen (→ Seite 17) verhindern.

Kehlkopfentzündung

Der Kehlkopf ist der Ort der Stimmbildung. Entzündliche Prozesse (Laryngitis) können an der Veränderung des Miauens wahrgenommen werden.

Krankheitsbild

Eine heisere Stimme und ein rauher Husten sind die vordergründigen Symptome. Wegen der Entzündung an den Stimmbändern und im Kehlkopfbereich hat die Katze auch Schluckbeschwerden und Fieber. Durch Druck auf den Kehlkopf wird Husten ausgelöst; außerdem zeigt die Abwehrreaktion der Katze, daß sie Schmerzen hat.

Ursachen

Meist sind Viren des Katzenschnupfen-Komplexes (→ Seite 92) beteiligt. Nicht-infektiöse Ursachen wie Reizgase, häufiges Miauen während der Rolligkeit und Fremdkörper können ebenfalls für eine Laryngitis verantwortlich sein.

Selbstmaßnahmen

Mit einem Halswickel können Sie die Entzündung schnell zum Abklingen bringen. Mischen Sie dazu $1/4$ l mäßig kaltes Wasser mit $1/2$ Teelöffel Obstessig, tränken damit einen größeren Stoffstreifen oder ein Taschentuch und wickeln dann zuerst das Tuch und darüber einen trockenen Wollschal um den Hals der Katze. Diesen Halswickel lassen Sie gut

2 Stunden am Hals. Danach trocknen Sie den feuchten Hals. Den ganzen Vorgang können Sie nach 12 Stunden wiederholen.

● **Homöopathische Einzelmittel**

Wenn ein harter, trockener Husten mit Heiserkeit und Berührungsempfindlichkeit vorherrscht, verabreichen Sie Spongia D12 über 8 – 10 Tage.

Drosera D12 bekommt die Katze, wenn sie einen quälenden Husten mit Erstickungsanfällen und Brechwürgen hat und sich das Krankheitsgeschehen nach Mitternacht deutlich verschlechtert. Bei akuten Anfällen können Sie Drosera auch öfters verabreichen.

● **Bach–Blüten**

Reagiert Ihre Katze	dann geben Sie
mit einem chronischen Husten	Crab Apple
mit Schluckbeschwerden	Elm, Mimulus
mit plötzlicher fieberhafter Erkrankung	Holly

● **Komplexmittel**

Verabreichen Sie Husteel und Gripp-Heel im 2stündigen Wechsel, wenn ein akuter, fieberhafter Prozeß den Organismus schwächt. Bei Besserung reduzieren Sie die Eingaben langsam.

Zur Dosierung aller Heilmittel → vordere Umschlagseite.

Wann zum Therapeuten?

Sie sollten zum Therapeuten gehen, wenn die Entzündung über längere Zeit anhält.

Wichtig: Zeigt die Katze erhebliche Atembeschwerden, die eine absteigende Infektion in die Lunge befürchten lassen, sollten Sie sofort zum Therapeuten gehen.

Welche Therapiemaßnahmen beim Therapeuten?

Der Therapeut wird bei seiner Allgemeinuntersuchung auch die Lungen auf entzündliche Veränderungen in den Bronchien abhören. Bei Verdacht eines Fremdkörpers oder eines Kehlkopfödems (starke entzündliche Schwellung) wird der Tierarzt den Kehlkopf begutachten. Bei erheblichen Atembeschwerden können entzündungshemmende und abschwellende Medikamente eine schnellere Heilung bringen.

Vor- und Nachsorge

Regelmäßige Impfungen (→ Seite 17) gewähren immer einen vorbeugenden Schutz.

Stellen Sie Ihrer Katze nur Spielgeräte zur Verfügung, die sie nicht verschlucken kann. Achten Sie auch darauf, daß die Katze keinen starken Geruchs- und Reizstoffen ausgesetzt ist.

Entzündung der Bronchien

In den seltensten Fällen ist die Entzündung nur auf die Luftröhre beschränkt, z.B. bei einem Fremdkörper. Meist sind Bronchien und Luftröhre zusammen erkrankt (Tracheobronchitis).

Krankheitsbild

Die Katze wird zunehmend apathisch, abgeschlagen und matt und verzieht sich in ein stilles Eckchen. Das Tier hustet immer wieder und die Atemfrequenz ist erhöht. Rasselnde Geräusche weisen darauf hin, daß sich in den Atemwegen Schleim angesammelt hat, der nur schwer hochgehustet werden kann.

Im fortgeschrittenen Stadium der Erkrankung müssen die Tiere mit geöffnetem Mund atmen.

2

Dabei bereitet ihnen besonders das Ausatmen große Schmerzen.

Ursachen

Viren schädigen oft die Schleimhaut so stark, daß sich Bakterien einnisten und eine Entzündung auslösen können.

Selbstmaßnahmen

Bei festsitzendem Schleim und schwerer Atmung können Sie mit Kamille-Inhalationen eine Verflüssigung des Schleimes und somit eine Entlastung der Atemwege erreichen. Zur Durchführung → Seite 104.

Wichtig: Damit keine Schäden an der Schleimhaut zurückbleiben und die Krankheit nicht in ein chronisches Stadium übergeht, müssen Sie die Behandlung bis zur vollständigen Abheilung der Krankheitssymptome durchführen.

● **Homöopathische Einzelmittel**

Hat die Katze Husten bei unverändertem Allgemeinbefinden, geben Sie ihr die gleichen Mittel wie bei Kehlkopfentzündung (→ Seite 46).
Husten und Erbrechen bei einer Zunge ohne Belag heilen Sie durch Ipecacuanha D6.
Wenn sich die Luftröhrenentzündung zu einer Lungenentzündung ausweitet, → Seite 49.

● **Bach-Blüten**

Reagiert Ihre Katze	dann geben Sie
mit Apathie, ohne Ansprache und Reaktion	Wild Rose
mit Antriebslosigkeit und Mattigkeit	Gorse
mit einem lösenden Prozeß	Crab Apple
mit Fieber und heftigen Reaktionen	Holly

● **Komplexmittel**

Zur Behandlung der Luftröhrenentzündung eignen sich alle unter Kehlkopfentzündung aufgeführten Komplexmittel (→ Seite 46).
Auch Viropect-Pulver ist gut geeignet. Verabreichen Sie 8–14 Tage lang alle 3 Stunden 1 Messerspitze direkt ins Maul oder in das Trinkwasser.

Zur Dosierung aller Heilmittel → vordere Umschlagseite.

Wann zum Therapeuten?

Schlägt die Behandlung nicht innerhalb von 3 Tagen an oder ist der Verdacht einer Lungenentzündung gegeben, sollte ein Therapeut die Behandlung übernehmen.

Welche Therapiemaßnahmen beim Therapeuten?

Neben den allgemeinen Untersuchungsmaßnahmen ist v. a. das Abhören der Lunge wichtig für die gezielte Therapie.
Bei Verdacht einer Virusinfektion wird die Blutuntersuchung klären, um welche Viren es sich handelt, während der Tierarzt zur gezielten Behandlung ein Antibiogramm (→ Seite 122) ansetzt.

Vor- und Nachsorge

Ist Ihre Katze anfällig für eine Luftröhrenentzündung oder Bronchitis, sollten Sie ihr in der gefährdeten Übergangszeit (Herbst und Frühjahr) besondere Zuwendung und schützende Pflege zukommen lassen.

Rasse-Dispositionen

Vor allem Perser neigen aufgrund ihrer Kopfform zu Infekten der Atemwege.

Lungenentzündung

Aus einer Bronchitis kann eine Lungenentzündung (Pneumonie) entstehen. Sind Bronchien und Lunge erkrankt, spricht man von einer Bronchopneumonie.

Krankheitsbild

Die Katze hat hohes Fieber (40 °C und mehr), ist apathisch und hat keinen Appetit; zusätzlich kann sie auch Husten haben. Die Atmung ist erschwert, das Tier ist kurzatmig; manchmal sind die Atembeschwerden so erheblich, daß das Atmen über den offenen Mund erfolgt. Besonders beim Ausatmen hat die Katze Schmerzen. Am liebsten wollen die Tiere allein sein. Eine leichte Belastung wie Hochheben oder die Fahrt zum Tierarzt kann die Katze so anstrengen, daß sie in eine regelrechte Atemnot mit Kreislaufzuständen gerät.

Ursachen

Mehrere ungünstige Faktoren wie Klimawechsel, Streß, Auseinandersetzung mit anderen Tieren, ein neues Haustier oder Futterumstellung können den Organismus so belasten, daß er für Erreger empfänglich wird. Zunächst schädigen Viren (z. B. Calici-, Herpes-Viren) die Zellen vor, in deren Folge treten dann Bakterien, Pilze oder Parasiten (z.B. Spulwürmer) in Erscheinung.
Auch durch Infektionen wie Leukose oder Katzen-AIDS kann das Immunsystem so geschwächt werden, daß sich eine Lungenentzündung entwickelt.

Selbstmaßnahmen

Wichtig: Wenn bei einer akuten Lungenentzündung trotz Ihrer Therapie nicht innerhalb von 6 – 12 Stunden eine Besserung eintritt, müssen Sie mit der Katze sofort zum Tierarzt.

● **Homöopathische Einzelmittel**
Geben Sie in den ersten Tagen im 2stündigen Wechsel jeweils Phosphorus D12 und Bryonia D6. Nach Eintritt der Besserung reduzieren Sie die Eingaben allmählich.

Wichtig: Die Behandlung muß mindestens 8 – 10 Tage durchgeführt werden, unter Umständen sogar länger.

● **Bach-Blüten**

Reagiert Ihre Katze	dann geben Sie
mit Apathie und Reaktionslosigkeit	Wild Rose
mit Abwesenheit, weggetreten auf Futterumstellung oder Klimaveränderung	Clematis / Walnut
mit Schmerzen und heftiger Entzündung	Holly
mit verminderter Widerstandskraft	Centaury

● **Komplexmittel**
Das wichtigste Komplexmittel bei Lungenentzündung ist Bryaconeel, von dem Sie 3- bis 6mal am Tag 1 Tablette zerrieben oder in Wasser aufgelöst verabreichen; zu Beginn der Erkrankung kann das Mittel auch halbstündlich gegeben werden.
Ein ähnliches Wirkumsspektrum haben Gripp-Heel (3- bis 5mal täglich 1 Tablette) oder Phosphor-Homaccord (3- bis 6mal täglich 5 Tropfen).

Zur Dosierung aller Heilmittel → vordere Umschlagseite.

Wann zum Therapeuten?

Der Tierarzt sollte unverzüglich aufgesucht werden, wenn sich schwere Allgemeinsymptome wie Atemnot zeigen oder wenn Ihre Therapie nicht in kurzer Zeit eine Besserung zeigt.

2

Welche Therapiemaßnahmen beim Therapeuten?

Neben der Betrachtung der Mundhöhle und des Rachenraumes wird er in der Regel den Brustraum abhören. Eine Blutuntersuchung, ein Antibiogramm (→ Seite 122) sowie eine Röntgenaufnahme der Brusthöhle sind manchmal notwendige diagnostische Maßnahmen für den Tierarzt.

Bei schweren Erkrankungen kann die Behandlung mit Antibiotika und schleimlösenden Mitteln erforderlich sein.

Vor- und Nachsorge

Ausgewogene Ernährung (→ Seite 12), artgerechte Haltung (→ Seite 10) und regelmäßige Impfungen (→ Seite 17) sind wichtige vorbeugende Schutzmaßnahmen.

Eine an Lungenentzündung erkrankte Katze sollte an einem ruhigen Platz gebettet und wegen der Ansteckungsgefahr von Artgenossen getrennt werden.

Fressen ist in den ersten beiden Krankheitstagen nicht notwendig, allerdings sollte das kranke Kätzchen trinken, da durch das Fieber und die Verschleimung der Körper austrocknet. Trinkt das Tier nicht selbständig, können Sie über eine Einwegspritze (ohne Nadel) das homöopathische Mittel mit reichlich Flüssigkeit (Wasser, Tee) behutsam in die Backentasche einbringen (zur Durchführung → Seite 104).

Zur Ernährung kranker Katzen → Seite 109.

Hat ein Tierarzt die Behandlung durchgeführt, wird er entsprechende Vorschläge zur Pflege des kranken Tieres machen.

Rasse-Dispositionen

Vor allem Katzen mit flacher Kopfform, wie Perser oder manche Exotisch Kurzhaar, neigen zu Atembeschwerden.

Blutarmut

Wenn die Zahl der roten Blutkörperchen und die Konzentration des roten Blutfarbstoffes (Hämoglobin) abnimmt, spricht man von Blutarmut (Anämie). Die Folge ist eine reduzierte Versorgung der Zellen mit Nährstoffen und Sauerstoff.

Anämische Tiere zeigen so typische Symptome, daß der Katzenbesitzer sicher umgehend nach der Ursache forschen wird.

Krankheitsbild

Die Haut an schwach behaarten und wenig pigmentierten Stellen wie Ohr und Nase ist blaß, die Schleimhaut der Augen und Mundhöhle weiß bis porzellanfarben. Die Katze ist matt, schwach und appetitlos. Die Atem- und Herzfrequenz ist erhöht; dies kann im fortgeschrittenen Stadium zu einer Atemnot mit hochgradigen Herzstörungen führen.

Ursachen

Großflächige Verletzungen mit starken Blutungen als Folge von Unfällen mit Autos oder landwirtschaftlichen Fahrzeugen können zu Schock und Anämie führen.

Unter den Infektionskrankheiten sind v.a. die Leukose, die feline Bauchfellentzündung und die Katzenseuche Erkrankungen, die das Blutbild schädigen und eine Blutarmut herbeiführen.

Auch Parasiten wie Zecken oder Magen-Darmwürmer (v. a. Bandwürmer) können eine Anämie auslösen. Daneben gibt es Parasiten wie Hämobartonellen, die direkt die roten Blutkörperchen angreifen und zerstören.

Eine Schädigung des Knochenmarks als Ort der Blutzellenbildung oder zu wenig Eisen im Körper zur Bildung des roten Blutfarbstoffes können ebenfalls zu einer Blutarmut führen.

Selbstmaßnahmen

Nach einem Unfall sollten Sie die Katze sofort zum Tierarzt bringen, um eine schnelle lebensrettende Erstversorgung zu gewährleisten. Zu weiteren Maßnahmen → Seite 110.

● Homöopathische Einzelmittel

Nach einem Unfall geben Sie der verletzten Katze als erstes Arnica D12 (→ Seite 111), bei starker Blutung, die nicht zum Stillstand kommt, zusätzlich Phosphor D12.
Anämische Katzen, die Körperflüssigkeit verloren haben und die nicht angefaßt werden wollen, bekommen China D6, 3mal täglich 5 Globuli oder 1 Tablette, bis die Katze ihre alte Vitalität wieder aufgebaut hat.

● Bach-Blüten

Reagiert Ihre Katze	dann geben Sie
mit Beschwerden nach einem Unfall	1. Rescue Remedy
	2. Elm, Star of Bethlehem
auf eine Verwurmung	Crab Apple
mit großer Müdigkeit	Olive

● Komplexmittel

Verletzungen behandeln Sie mit Traumeel; sind Wunden auch entzündet, wird Arnica-Heel Linderung verschaffen.
Ist die Katze erschöpft und schwach, verabreichen Sie ihr China-Homaccord, bis sich der allgemeine Zustand wieder stabilisiert.
Ist Eisenmangel die Ursache der Anämie, hilft Ferrum-Homaccord, 3mal täglich 5 Tropfen bis zur Heilung.
Falls das Herz-Kreislaufsystem in Mitleidenschaft gezogen ist, wenden Sie Crataegus-Heel an.

Zur Dosierung aller Heilmittel → vordere Umschlagseite.

Wann zum Therapeuten?

Ist die Ursache der Anämie unklar oder zeigt das kranke Tier Allgemeinsymptome, dann sollten Sie sofort zu einem Therapeuten gehen.

Welche Therapiemaßnahmen beim Therapeuten?

Durch eine Blutuntersuchung wird der Therapeut die Ursache der Anämie und den Krankheitsgrad ermitteln. Falls Parasiten beteiligt sind, wird er diese ebenfalls feststellen.
Bei stark anämischen Tieren kann eine Bluttransfusion oder eine Infusion mit Elektrolyt-Lösungen angezeigt sein, wobei auch Eisenpräparate injiziert werden.
Bei einer infektiösen Krankheitsursache kann auch der Einsatz von Antibiotika notwendig werden. Bei Leukose und FIP sind die Erfolgsaussichten von vornherein sehr ungünstig.

Vor- und Nachsorge

Regelmäßige Impfungen gegen Leukose und Katzenseuche (→ Seite 94) sind ein Muß für jede Katze, um zu verhindern, daß sie sich an anderen Tieren ansteckt.
Auch die regelmäßigen Entwurmungen (→ Seite 16) schützen die Katzen und machen sie widerstandsfähiger.
In ländlichen Gegenden sollten Katzen v. a. zu Zeiten vermehrter landwirtschaftlicher Aktivitäten wie Mähdreschen oder Grasmähen in Hausnähe gehalten werden, da gerade diese Unfälle großflächige Verletzungen mit starken Blutungen zur Folge haben.

2

rankungen
s Verdauungsapparates

Der Verdauungsapparat der Katze ist typisch für einen Fleischfresser: Er beginnt mit der annähernd quadratischen Mundhöhle mit 30 Zähnen, u.a. den markanten Reißzähnen; im einhöhligen Magen findet die Eiweiß-Vorverdauung statt. Im ca. 130 cm langen Dünndarm werden Eiweiß, Kohlenhydrate und Fette zerlegt und zusammen mit den lebenswichtigen Mineralien, Spurenelementen und Vitaminen aufgenommen. Alle Verdauungsvorgänge werden durch die Leber und die Bauchspeicheldrüse unterstützt, die über Kanäle direkt mit dem Zwölffingerdarm verbunden sind. Die Bauchspeicheldrüse produziert wichtige Enzymverbindungen. Zu Erkrankungen der Bauchspeicheldrüse → Seite 78. Im ca. 20 cm langen Dickdarm wird Wasser in den Körper abgegeben.
Bei Erkrankungen im Verdauungskanal ist das Allgemeinbefinden mehr oder weniger stark beeinträchtigt. Die häufigsten Symptome sind Appetitmangel, Verstopfung, Erbrechen und oft Durchfall.

Haarballen

Beim Putzen bleiben lose Haare an den rauhen Papillen der Zunge haften und gelangen in den Verdauungskanal. Normalerweise werden sie über den Kot wieder ausgeschieden. Während des Haarwechsels, bei Krankheiten mit Haarausfall sowie bei den Langhaarkatzen können sich die abgeschluckten Haare im Magen, seltener auch im Darm, zu Haarknäuel (Bezoare) zusammenballen, was unterschiedliche Störungen hervorruft.

Krankheitsbild

Gerade während des Haarwechsels erbrechen Katzen immer wieder Haarklumpen, die z.T. mit Schleim und Mageninhalt durchsetzt sind.
Bleiben Bezoare länger im Magen liegen, führt dies durch die ständige Reizung der Magenschleimhaut zur Entzündung (Gastritis). Die Katze wirkt apathisch; vermehrtes Würgen und Erbrechen zeigt an, daß die Verdauung gestört ist.
In seltenen Fällen werden die Haarballen so groß, daß sie den Magenausgang oder den Darm verstopfen. Dabei fallen v.a. der aufgetriebene, schmerzhafte Bauch, die große Schwäche und Berührungsempfindlichkeit auf.

Ursachen

Durch die Bewegung des Magens und durch die Magensäfte verklumpen aufgenommene Haare, wenn sie nicht ausgeschieden werden, zu mehr oder weniger großen Haarballen.

Selbstmaßnahmen

Hat ein Haarballen den Verdauungskanal blockiert, kann ein geeignetes Speiseöl oder das Öl aus einer Sardinendose das Problem lösen. Jungtiere bekommen 1, erwachsene Tiere 2 Teelöffel.

Wichtig: Hat die Katze akute Bauchschmerzen und besteht der Verdacht, daß ein Haarballen den Darm verstopft, müssen Sie sofort zum Tierarzt gehen. Ein Darmverschluß (Ileus) ist lebensgefährlich!

● Homöopathische Einzelmittel

Opium C30, 10 Globuli in Wasser aufgelöst und in kurzen Intervallen öfter verabreicht, lindert akute Bauchschmerzen.
Sulfur C30, 1mal in der Woche 5 Globuli zur Zeit des Haarwechsels verabreicht, kräftigt das Fell.

● Bach-Blüten

Reagiert Ihre Katze   dann geben Sie

mit apathischem Verhalten .... Wild Rose
mit starker Erschöpfung .... Olive
zur Unterstützung
der Ausscheidung .... Crab Apple

● Komplexmittel

Bei einer Gastritis verabreichen Sie Gastricumeel, hat die Katze Verdauungsbeschwerden in Kombination mit schmerzhaften Zuständen, Nux vomica-Homaccord.

Zur Dosierung aller Heilmittel → vordere Umschlagseite.

Wann zum Therapeuten?

Erbricht das Kätzchen über längere Zeit und zeigt deutliche Krankheitssymptome wie Fieber, Apathie oder schmerzhaften Bauch, müssen Sie unbedingt den Therapeuten aufsuchen.

Welche Therapiemaßnahmen beim Therapeuten?

Mit Hilfe von krampflösenden und magenberuhigenden Mitteln wird der Therapeut versuchen, die Haarballen auf natürliche Weise auszuschleusen. Gelingt dies nicht, werden die Haarballen zerkleinert und mit Hilfe einer Zange entfernt. Eine Operation wird nötig, wenn die anderen Behandlungsmethoden versagen, um die Bezoare aus dem Magen-Darmtrakt zu beseitigen.

Vor- und Nachsorge

Vergessen Sie nicht eine intensive Fellpflege (→ Seite 106), v. a. während des Fellwechsels.
Erkrankungen, die mit Haarausfall einhergehen wie Hautausschläge oder Parasitosen, müssen ursächlich behandelt werden.
Stellen Sie Ihrer Katze immer Katzengras oder auch in einem Topf angepflanztes Getreide (z.B. Gerste, Hafer) zur Verfügung, damit sie ihre Verdauung regulieren kann.

Erbrechen

Erbrechen ist ein Begleitsymptom von vielen Krankheiten und wird ausgelöst, wenn durch entzündliche und toxische Prozesse im Magen-Darmtrakt das Brechzentrum im verlängerten Rückenmark gereizt wird.
Katzen erbrechen, um sich auf diese Weise von unverdaulichen Nahrungsmitteln, Pflanzenteilen und Haarklumpen zu befreien; dies ist also kein Grund zur Beunruhigung.
Erbricht eine Katze häufiger innerhalb kurzer Zeit, ist Blut im Erbrochenen oder zeigt sie noch andere Krankheitsanzeichen wie Durchfall, wird eine Untersuchung erforderlich.

Krankheitsbild

Die Katze beginnt plötzlich mit einem würgenden Husten und erbricht Unverdautes nach außen.
Konsistenz und Farbe des Erbrochenen können von unterschiedlicher Beschaffenheit sein, was zur Beurteilung wichtig ist. Es reicht von schleimig-schaumig über gelblich-zäh bis hin zu blutig.
Auch auf den Zeitpunkt des Erbrechens sollte man achten, ob z.B. vor oder nach dem Essen. Dies sind wichtige diagnostische Anhaltspunkte für den Therapeuten

Wichtig: Wird Blut erbrochen, sollte umgehend der Tierarzt aufgesucht werden.

Ursachen

Erbrechen kann verursacht werden durch Haarballen oder Fremdkörper im Magen, durch eine Gastritis, ein Magengeschwür oder Parasiten. Verträgt die Katze bestimmte Lebensmittel nicht, kann sie ebenfalls mit Erbrechen reagieren.
Auch Infektionen mit Bakterien, Viren und Protozoen können Erbrechen auslösen, außerdem auch Vergiftungen oder Allergien. Als Begleiterscheinung von Entzündungen des Magens, Darms und der Nieren, Erkrankungen der Leber und Bauchspeicheldrüse, Gallensteinen oder Zuckerkrankheit kann ebenfalls Erbrechen auftreten.

Selbstmaßnahmen

● **Homöopathische Einzelmittel**
Erbrechen junge Kätzchen ca. 10 Minuten nach der Milchmahlzeit geronnene Milch, dann wird Aethusa D6, mehrmals täglich 3 Globuli über 3 – 5 Tage, helfen.
Bei Erbrechen mit Husten bei sauberer Zunge geben Sie mehrere Tage lang Ipecacuanha D6.
Nux vomica D12 wird heilen, wenn Erbrechen mit einer Verstopfung einhergeht. Pulsatilla D12 ist das richtige Mittel, wenn die Wechselhaftigkeit und die Durstlosigkeit im Vordergrund steht. Bei unklarer Ursache können Sie beide im täglichen Wechsel geben.

● **Bach-Blüten**

Reagiert Ihre Katze	**dann geben Sie**
mit wechselhaften Stühlen, Verstopfung	Scleranthus
mit Apathie	Wild Rose
mit übermäßiger Belastung, als Reinigung	Crab Apple

● **Komplexmittel**
Nux vomica-Homaccord geben Sie der Katze 3- bis 6mal am Tag direkt ins Maul oder über das Trinkwasser.

Zur Dosierung aller Heilmittel → vordere Umschlagseite.

Wann zum Therapeuten?

Hält das Erbrechen über längere Zeit an oder ist das Allgemeinbefinden erheblich gestört, sollten Sie den Rat des Therapeuten einholen. Bei Verdacht einer Vergiftung oder einer Virusinfektion wird der Gang zum Tierarzt unumgänglich.

Welche Therapiemaßnahmen beim Therapeuten?

Der Therapeut wird zur gezielten Behandlung eine Kot- und Blutuntersuchung durchführen. Bei Unklarheit kann auch ein Röntgenbild des Bauchraumes oder das Beurteilen von Schlund und Magen mit einer Sonde herangezogen werden.

Vor- und Nachsorge

Sind Haarballen die Ursache des Erbrechens, → Seite 52; bei Virusinfektionen → Seite 92 – 96. Ist das Erbrechen die Folge einer Fehlernährung, → Seite 12.

Durchfall

Der Durchfall, eine Entzündung des Magen-Darmbereichs, ist Begleiterscheinung einer Reihe von Erkrankungen. Allerdings reagiert der Körper häufig mit Durchfall, um etwas loszuwerden, das im Organismus Schaden anrichten könnte.

Durch Giftstoffe, Parasiten oder Viren entzündet sich die Darmschleimhaut, die Aufnahme von Wasser im Dickdarm ist gestört, dadurch wird dünnflüssiger Darminhalt entleert.

Die Entzündung des Darms wird als Enteritis bezeichnet; da der Magen meist mitbeteiligt ist, entsteht das Krankheitsbild der Gastro-Enteritis.

Krankheitsbild

Erstes Anzeichen einer Durchfallerkrankung ist eine verschmierte und schmutzige Aftergegend. Die Katze leckt vermehrt am After und geht häufig zur Katzen-Toilette. Verstärkt sich der Durchfall oder hält er länger an, treten auch Allgemeinsymptome wie Fieber, allgemeine Schwäche, Apathie oder Abmagerung auf; die Katze trocknet stark aus, daneben gehen dem Körper auch noch wichtige Mineralien verloren. Als Folge verschlechtert sich der Zustand weiter, die Gefahr einer Organschädigung, besonders der Nieren, ist gegeben.

Für die Behandlung ist es wichtig, die Beschaffenheit des Stuhles zu beobachten: Ist er dünnflüssig bis wässrig oder mehr breiig und schaumig? Sind Schleimhaut-Fetzen im Kot? Ist dem Stuhl Blut beigemengt? Kommt der Stuhl gußartig-schießend aus dem Darm oder wird er unter zwanghaftem Drücken abgesetzt?

Neben diesen Kriterien gibt auch noch die Farbe Hinweise darauf, wo sich die Darmstörung befindet. Bei weißem Kot sind oft Bauchspeicheldrüse (→ Seite 78) und Leber (→ Seite 58) in das Krankheitsgeschehen mit einbezogen. Ist helles Blut im Stuhl, dann liegt die Erkrankung im Enddarm, dunkles bis schwarzes Blut weist auf eine Störung im vorderen Dünndarm-Abschnitt hin.

Wichtig: Hält ein Durchfall länger als 2 Tage an, ist Blut im Stuhl oder ist das Allgemeinbefinden der Katze erheblich beeinträchtigt, sollten Sie unbedingt einen Therapeuten aufsuchen.

Ursachen

Durchfall kann Begleiterscheinung von Infektionen mit Viren (z.B. Katzenseuche), Bakterien (z.B. Colibakterien oder Salmonellen), Protozoen oder Pilzen sein.

Nicht-infektiöse Ursachen können Ernährungsfehler, Parasitosen, Vergiftungen oder allergische Reaktionen sein. Auch Tumoren oder Fremdkörper können Durchfall auslösen.

Durchfall kann auch bei Erkrankungen von Leber, Galle und Bauchspeicheldrüse, bei Zuckerkrankheit oder bei einer Überfunktion der Schilddrüse auftreten.

Selbstmaßnahmen

Zur Entlastung des Darms sollten Sie die Katze 1–2 Tage nicht füttern. An Flüssigkeit reichen Sie Wasser oder Tee (Kamillen-, Fenchel- oder schwarzen Tee). Auch Eichenrinden-Tee wirkt durch den hohen Anteil an Gerbsäure stark beruhigend und desinfizierend auf den Darm. Zusätzliche Beifütterung von Elektrolyten (→ Seite 108) hilft gegen die Austrocknung.

Ab dem 2. oder 3. Krankheitstag bieten Sie der Katze eine leichte Kost an (→ Seite 109), die über die nächsten Tage beibehalten wird. Falls die Katze nicht von selbst fressen will, muß sie zwangsernährt werden (→ Seite 108).

● Homöopathische Einzelmittel

Arsenicum album D12 ist das richtige Heilmittel, wenn verdorbenes Fleisch die Ursache ist, der Durchfall nachts auftritt und oft, aber wenig Flüssigkeit aufgenommen wird.

Wenn Farbe und Konsistenz laufend wechseln und die Katze ausgesprochen wenig Durst hat, geben Sie ihr Pulsatilla D12.

Podophyllum D6 ist bei gelb bräunlichem und wässrigem Stuhl, der explosionsartig herausschießt, angezeigt.

3

● **Bach-Blüten**

Reagiert Ihre Katze	dann geben Sie

mit Austrocknung bei

Erbrechen und Durchfall .... Rock Rose
mit Erschöpfung .... Olive
mit Sinken der Lebenskräfte .... Wild Rose
mit einem Reinigungsprozeß ...... Crab Apple

● **Komplexmittel**

Verabreichen Sie 3- (bis 6)mal täglich 1 Tablette Diarrheel zerkleinert; noch besser ist, die Tablette in Wasser oder Tee aufzulösen und dem Kätzchen einzuflößen.

Sie können auch Dysenteral geben, 2mal am Tag 5 Tropfen ca. 4 Tage lang.

Zur Dosierung aller Heilmittel → vordere Umschlagseite.

Wann zum Therapeuten?

Wenn der Durchfall nach 2 Tagen noch nicht vorbei ist oder deutliche Allgemeinsymptome vorliegen, sollte ein Therapeut befragt werden.

Wichtig: Sie sollten sofort zum Tierarzt gehen, wenn aufgrund des Flüssigkeitsverlustes die Haut ihre Elastizität verloren hat. Dies können Sie leicht feststellen, indem Sie an der Halsseite eine Hautfalte hochziehen. Beim Loslassen der Haut muß die Falte sofort wieder verstreichen; geschieht dies nur sehr langsam, dann hat durch den Flüssigkeitsverlust schon eine »innere Austrocknung« begonnen.

Welche Therapiemaßnahmen beim Therapeuten?

Über eine Kot- und Blutuntersuchung wird der Therapeut versuchen, die Ursache der Durchfallerkrankung herauszufinden.

Bei starker Austrocknung muß der Katze sofort eine Elektrolyt-Lösung per Infusion verabreicht werden, um die Übersäuerung des Körpers abzufangen und die verlorengegangenen Mineralien zu ersetzen. Neben einer pflanzlichen Therapie kann es auch einmal erforderlich sein, mit Antibiotika krankheitsverursachende Bakterien abzutöten.

Bei hartnäckigen Erkrankungen sollte eine Behandlung mit Nosoden überdacht werden.

Vor- und Nachsorge

Artgerechte Fütterung (→ Seite 12) ist Grundvoraussetzung für ein gesundes Darm-Milieu.

Bieten Sie keine Nahrungsmittel an, die die Katze nicht verträgt, z. B. Milch, oder die verdorben oder zu kalt sind.

Ist der Darm durch die Erkrankung in Mitleidenschaft gezogen, geben Sie dem Kätzchen nach 2 Fastentagen eine Magen-Darmdiät (→ Seite 109).

Regelmäßige Impfungen (→ Seite 17) schützen Katzen vor Virusinfektionen.

Achten Sie auf Ekto- und Endoparasiten (→ Seite 86 – 91).

Giftige Pflanzen sowie Haushaltsreiniger und Spülmittel sollten so aufgestellt werden, daß Katzen keinen Zugang haben.

Verstopfung

Bei Verstopfung (Obstipation) werden Kotmassen, die sich im Enddarm (Kolon) angeschoppt haben, nicht mehr weiterbewegt. Da dort auch die Rückresorption von Wasser in den Körper stattfindet, trocknen die angeschoppten Massen noch mehr ein, und der Darm dehnt sich aus.

Betroffen von Verstopfung sind v.a. ältere und kastrierte Katzen sowie Langhaarkatzen.

Krankheitsbild

Die Katze setzt kaum oder gar keinen Kot ab. Sie wird apathisch, liegt viel herum, wechselt oft den Platz und versucht immer wieder, unter starkem, krampfhaftem Pressen den Darm zu entleeren. Achten Sie darauf, ob die Katze dabei keinen Kot absetzt oder ob Harnverhalten die Ursache ist! Mit der Zeit wird die Katze immer apathischer, die Augen fallen ein, die Temperatur ist relativ niedrig. Besonders auffällig ist der aufgetriebene, harte Bauch, der bei Berührung und beim Hochheben schmerzt.

Ursachen

Die häufigsten Ursachen für Verstopfung sind Haarballen (→ Seite 52), Fehlernährung, eine im Alter zunehmende Trägheit des Darmes, verschluckte Fremdkörper, Darmparasiten und Infektionskrankheiten wie FIP (→ Seite 95). Auch Tumoren im Darm oder in der Bauchhöhle (z. B. Eierstocktumor) können Auslöser einer Verstopfung sein.

Wichtig: Eine besondere Form der Verstopfung ist der Darmverschluß (Ileus). Häufigste Ursachen sind festsitzende Fremdkörper, Einstülpungen des Darms oder Verdrehungen. Wenn die Katze häufig erbricht, aber keinen Kot absetzt, kann ein Ileus vorliegen. In diesem Fall müssen Sie unbedingt zum Tierarzt, da dies eine lebensbedrohliche Erkrankung ist. Haben Sie Opium C30 zur Hand, geben Sie der Katze vorher eine Dosis.

Selbstmaßnahmen

Mit einem Eßlöffel Speiseöl, Öl aus einer Sardinenbüchse oder Paraffinöl können Sie einen verstopften Darm wieder in Gang bringen. Außerdem wirkt auch rohe Leber leicht abführend.

Ist die Obstipation auf diese Weise nicht zu beheben, sollten Sie ein Baby-Klistier einsetzen, um die Kotmassen zu erweichen.

Wichtig: Bei einer Katze dürfen Sie nie einen Einlauf mit reinem Wasser durchführen, da es dadurch zu einer Hämolyse (→ Seite 122) kommen kann.

● **Homöopathische Einzelmittel**

Ist die Katze eher ein gemütlicher Typ und guter Futterverwerter, der sich wenig bewegt und viel schläft, wird Calcium carbonicum D12 das Darmproblem lösen. Bei einer faulen, trägen Katze, die viel frißt und zusätzlich mit Hautausschlägen und brüchigen Krallen geplagt ist, wird Graphites D12, 3mal täglich 1 Dosis, schnell Erleichterung bringen. Nux vomica D12 ist v.a. bei krampfhaften Verstopfungen mit häufigem Preßzwang und verspanntem Rücken angezeigt.

● **Bach-Blüten**

Reagiert Ihre Katze	dann geben Sie
mit einer Trägheit des Darms	Chicory, Elm
mit einem spastischen Darm	Agrimony
mit einer Verhinderung der Körper-Reinigung	Crab Apple
mit Versteifung und Verspannung	Oak

● **Komplexmittel**

Bei chronischer Verstopfung geben Sie Ihrer Katze jeweils nach dem Fressen 1 Dragee Heelax. Nux vomica-Homaccord hilft bei Funktionsstörungen im Magen-Darmbereich mit Verstopfung. Beide Mittel können auch kombiniert verabreicht werden.

Zur Dosierung aller Heilmittel → vordere Umschlagseite.

3

Wann zum Therapeuten?

Wenn die Katze deutliche Krankheitssymptome zeigt, oder wenn die Verstopfung trotz Ihrer gezielten Behandlung länger anhält, sollten Sie unbedingt einen Therapeuten aufsuchen.

Welche Therapiemaßnahmen beim Therapeuten?

Zunächst wird der Therapeut versuchen, mit Klistier, biologischen Mitteln, manueller Massage oder einem Einlauf den Darm zu entleeren. Ansonsten muß in Narkose die Bauchhöhle eröffnet und der Darm von den angestauten Kotmassen befreit werden.

Vor- und Nachsorge

Verschaffen Sie der Katze viel Auslauf oder Bewegung.
Mit einer ausgewogenen, abwechslungsreichen Ernährung (→ Seite 12) unterstützt man die Darmfunktion und verhindert Darmträgheit. Man kann das Futter auch mit Ballaststoffen (Leinsamen oder Weizenkleie) oder mit Gemüse (Karotten) anreichern. Gezielte Magen-Darmdiäten, die auch zur Gewichtsreduzierung eingesetzt werden (→ Seite 108 – 109), haben den gleichen Zweck.
Ist die Verstopfung eine Folge von Haarballen, → Seite 52; sind Würmer die Ursache, → Seite 89 – 91. Achten Sie auf regelmäßige Entwurmungen (→ Seite 16).
Mußte die Verstopfung durch einen chirurgischen Eingriff behoben werden, sollten Sie die entsprechenden Anweisungen des Tierarztes für die Nachsorge und die Diät befolgen.

Rasse-Dispositionen

Verstopfung durch zusammengeballte Haarknäuel tritt v. a. bei Langhaarrassen wie Persern auf.

Erkrankungen der Leber

Die Leber ist an vielen Stoffwechselvorgängen im Körper beteiligt und wird oft mit einer »chemischen Fabrik« verglichen. Sie hilft beim Protein- und Kohlenhydratstoffwechsel und v.a. bei der Fettverdauung mit. Weitere Aufgaben der Leber sind Entgiftungsprozesse, Bereitstellung und Abbau von Hormonen sowie Regulierung des Vitaminhaushaltes. Da die Leberzellen sehr reaktionsfähig sind, treten deutliche Krankheitserscheinungen oft erst im fortgeschrittenen Stadium auf. Eine Leberentzündung (Hepatitis) kann akut oder chronisch verlaufen. Während bei ersterer oft noch Hoffnung zur Ausheilung besteht, geht die chronische Lebererkrankung im Endstadium in eine Zirrhose über.

Krankheitsbild

Abgeschlagenheit, stumpfes Fell, haarlose Stellen, Appetitmangel bis Appetitlosigkeit, Speichelfluß, wiederkehrende Durchfallerkrankungen und auch Erbrechen (Galle) können Anzeichen einer Lebererkrankung sein.
Werden Gifte von der Leber nicht mehr neutralisiert und gelangen sie in das Gehirn, dann können auch zentralnervöse Erscheinungen mit Koma (tiefe Bewußtlosigkeit) auftreten.
Im fortgeschrittenen Stadium einer Lebererkrankung können die Gallenfarbstoffe, die beim Abbau der roten Blutkörperchen entstehen, nicht mehr ausreichend ausgeschieden werden. Dies äußert sich in einer gelben Verfärbung der haarlosen Stellen sowie der Mund- und Augenschleimhaut (sog. Gelbsucht oder Ikterus).
Heller, lehmfarbener Stuhl sowie ein dunkelbrauner Harn sind ebenfalls Anzeichen einer Lebererkrankung.

Ursachen

Auslöser einer infektiösen Lebererkrankung können Viren, Bakterien, Pilze, Parasiten oder Einzeller sein.
Ursache von nicht-infektiösen Lebererkrankungen sind v. a. Vergiftungen, Tumoren und die fettige Degeneration der Leber.

Selbstmaßnahmen

Wichtig: Bei Verdacht einer Hepatitis muß immer ein Therapeut mit in die Behandlung einbezogen werden!

● **Homöopathische Einzelmittel**
Bei einer Leberentzündung mit Gelbfärbung und Galleerbrechen, Blähungen, Schmerz in der Leberregion und Absatz von reichlichen Kotmassen ist Natrium sulfuricum D12, ca. 3 Wochen lang gegeben, das Hauptmittel.
Treten die Symptome aufgetriebener Bauch, Blähungen, Flatulenzen, glänzender, trockener Kot und eine Verschlechterung des Zustands zwischen 16.00 und 20.00 Uhr auf, verabreichen Sie Lycopodium D12 2 – 3 Wochen lang oder bis die Gelbsuchtsymptome verschwunden sind.

● **Bach-Blüten**

Reagiert Ihre Katze	**dann geben Sie**
mit einer schlechten Verdauung	Gentian
mit einem erschöpften Zustand	Olive
mit Skepsis und Mißtrauen	Willow

● **Komplexmittel**
Das wichtigste Mittel bei gestörter Leberfunktion ist Hepeel.
Alternativ können Sie auch Nux vomica-Homaccord (bei Funktionsstörung von Magen, Darm und Leber) im Wechsel mit Chelidonium-Homaccord

(bei gestörter Leber- und Gallenfunktion) verabreichen. Von jedem Mittel geben Sie 3mal täglich 5 Tropfen.

Zur Dosierung aller Heilmittel → vordere Umschlagseite.

Wann zum Therapeuten?

Zeigt die Katze deutliche Symptome, die auf eine Entzündung der Leber hinweisen, oder hat sie Gelbsucht, so muß unverzüglich ein Tierarzt aufgesucht werden.

Welche Therapiemaßnahmen beim Therapeuten?

Eine Blutuntersuchung oder eine Gewebeprobe der Leber wird Aufschluß geben, inwieweit das Lebergewebe geschädigt ist. Bei einer schweren Hepatitis wird die Katze evtl. stationär mit Infusionen behandelt.

Vor- und Nachsorge

Achten Sie auf eine artgerechte und ausgewogene Ernährung (→ Seite 12); diese kommt v. a. der Leber zugute, da sie das zentrale Organ bei der Umsetzung der Stoffwechselprodukte ist.
Ist Ihre Katze krank und appetitlos, dann geben Sie ihr für 2 Tage nichts zu fressen und stellen nur frisches Trinkwasser bereit. Anschließend bieten Sie ihr eine Leberdiät an, die Sie selbst bereiten können (→ Seite 109) oder als Fertigdiät beim Tierarzt erhalten.
Übergewichtige Katzen sollte man mit einer Abmagerungsdiät (→ Seite 108) oder durch ungewohnte, ballaststoffreiche Mahlzeiten »abspecken«.
Eine wichtige Vorsorge sind die regelmäßigen Impfungen (→ Seite 17).

3

Erkrankungen des Harnapparates und der Geschlechtsorgane

Zentrales Organ des Harnapparates sind die Nieren, in denen der Harn produziert wird. Außer der Reinigung des Blutes von harnpflichtigen Stoffen sind sie noch am Wasser- und Elektrolythaushalt beteiligt und stellen wichtige Hormone und Vitamine her. Weitere Organe sind Harnleiter, Harnblase und Harnröhre, über die der Harn ausgeschieden wird.

Erkrankungen der Nieren treten vorwiegend bei älteren Tieren auf. Neben akuten Entzündungen spielen mehr die chronischen Insuffizienzen (Nierenversagen) eine Rolle. Dagegen ist die Harnblase oft Anlaß von Erkrankungen, was neben einer individuellen Schwäche auch durch falsche Haltungs- und Ernährungsbedingungen mitverursacht werden kann.

Der Geschlechtsapparat besteht aus den Hoden bzw. Eierstöcken, in denen die Geschlechtszellen gebildet werden, und den keimbewahrenden Nebenhoden bzw. Eileitern.

Bei der Kätzin vereinen sich die beiden Eileiter in der Gebärmutter. In die Scheide mündet die kurze, aber weite Harnröhre. Beim Kater treten die Samenleiter in die lange und enge Harnröhre ein, die deshalb oft Anlaß zu Komplikationen bietet.

Erkrankungen der männlichen Geschlechtsorgane können verschiedene Anomalien und Erkrankungen von Hoden, Nebenhoden mit Samensträngen, Drüsenorganen oder Penis sein; diese Erkrankungen sind v.a. für Zuchtkater von Bedeutung.

Erkrankungen im weiblichen Geschlechtsapparat können in allen Organen auftreten, meist ist aber die Gebärmutter betroffen. Besonders zur Zeit der Geburt ist dieses Organ sehr empfindlich.

Akute Nierenerkrankung

Sie kommt bei Katzen relativ selten vor, bei Verdacht muß aber schnell und gezielt gehandelt werden.

Krankheitsbild

Die Katze zeigt verminderten Harnabsatz (der Harn kann blutig sein) und hat keinen Durst, aus dem Maul kommt ein süßlicher Geruch. Oft krümmt sie den Rücken und geht steif vor Schmerzen immer wieder auf die Toilette, um Harn abzusetzen.

Zusätzlich können verschiedene unspezifische Allgemeinsymptome wie Abgeschlagenheit, allgemeine Schwäche, ein stumpfes Fell, Appetitlosigkeit, Durchfall und Erbrechen in unterschiedlicher Ausprägung auftreten.

Wichtig: Zur Diagnosestellung ist für den Therapeuten der Vorbericht wichtig; dies kann gerade bei einer möglichen Vergiftung lebensrettend sein.

Ursachen

Die Ursache kann eine Infektion der Nieren selbst sein. Die Schädigung der Nieren kann auch die Folge eines Harnrückstaus, hervorgerufen durch Harnsteine, die die ableitenden Wege verstopfen, von Vergiftungen mit Frostschutzmitteln und Schwermetallen, von Quetschungen durch Unfälle, nierentoxischen Medikamenten oder von großem Blutverlust sein.

Selbstmaßnahmen

Wichtig: Bei Verdacht einer Nierenerkrankung sollte immer ein Therapeut konsultiert werden. Selbstmaßnahmen sind nur als Erste Hilfe zu verstehen, um Schlimmeres zu vermeiden.

Betten Sie das kranke Tier an einen ruhigen Ort und decken Sie es warm zu.

● Homöopathische Einzelmittel

Ist die Nierenerkrankung die Folge einer Verletzung oder eines Unfalls, geben Sie Arnica D12 (→ Seite 111).
Apis D12 hilft bei Harnverhalten, wenn Durstlosigkeit vorliegt und die Wärme nicht vertragen wird. Verabreichen Sie der Katze 3mal täglich oder öfter 5 Globuli, bis der Harn wieder fließt.
Belladonna D4, alle 1–2 Stunden eine Dosis, ist richtig, wenn die Erkrankung plötzlich auftritt, eine Blutfülle zum Kopf vorliegt, die Pupillen geweitet sind und der Urin rötlich verfärbt ist.

● Bach-Blüten

Reagiert Ihre Katze	dann geben Sie
mit Verstopfung der Harnwege durch einen Stein	Rescue Remedy
mit verstopften Harnwegen, zur Austreibung von Steinen	Crab Apple
mit Ruhelosigkeit bei Krampfschmerzen	Agrimony
mit heftigen Schmerzen bei Entzündung	Holly, Rock Rose

● Komplexmittel

Bei Entzündungen mit Krämpfen hilft Berberis-Homaccord, bei Verletzungen und Quetschungen Traumeel-Tabletten; Apis-Homaccord ist das richtige Mittel bei Harnstau und Ödemen. Albumoheel-Tabletten sollten Sie v.a. dann geben, wenn das Eiweiß Albumin im Urin nachgewiesen wurde und bei akuter und chronischer Nierenerkrankung.

Diese Mittel können Sie einzeln oder kombiniert einsetzen.

Zur Dosierung aller Heilmittel → vordere Umschlagseite.

Wann zum Therapeuten?

Ein Tierarzt sollte so bald wie möglich die kranke Katze untersuchen, denn ein akutes Nierenversagen ist ein lebensbedrohlicher Zustand.

Welche Therapiemaßnahmen beim Therapeuten?

Neben dem Vorbericht ist v.a. der Tastbefund (Palpation) der Bauchhöhle durch den Tierarzt sowie eine Harn- und Blutuntersuchung wichtig für die Diagnose und die therapeutischen Maßnahmen. Bei einem Flüssigkeitsverlust werden Infusionslösungen das Flüssigkeitsvolumen auffüllen und so die Nierentätigkeit wieder in Gang bringen. Verschiedene Naturheilmittel fördern den Harnfluß und tragen zur Entlastung der Nieren bei, so daß eine Urämie (Harnvergiftung des Blutes) verhindert wird.
Ist eine Vergiftung Ursache der Nierenerkrankung, so kann die Verabreichung des entsprechenden Gegenmittels heilend wirken.

Vor- und Nachsorge

Mögliche Vergiftungsquellen wie giftige Pflanzen, Haushaltsmittel oder Medikamente sollten Sie so aufbewahren, daß keine Gefahr für die Katze besteht. Besonders junge Katzen sind durch ihren Spiel- und Erkundungstrieb gefährdet.
Ist Ihre Katze an einer Nierenentzündung erkrankt, sollten Sie ihr neben den therapeutischen Maßnahmen auch eine Nierendiät mit reduziertem Eiweißanteil (→ Seite 109) geben.

4

Chronische Nierenentzündung

Die chronische Nierenentzündung stellt die häufigste Nierenerkrankung dar und kommt vorwiegend bei Katzen vor, die älter als 10 Jahre sind.

Krankheitsbild

Das Haarkleid ist stumpf und matt, z. T. schuppig und mit Parasiten behaftet. Der Ernährungszustand ist mäßig bis schlecht, die Haut ausgetrocknet und der Appetit wechselhaft. Auch leidet die Katze manchmal an Durchfall und Erbrechen.

Die Augen sind glanzlos, matt und die Schleimhäute porzellanfarben. Die Mundhöhlenschleimhaut ist entzündet. Aus dem Mund kommt ein intensiver und süßlicher Geruch.

Durch die Schädigung der Nieren gehen dem Körper Elektrolyte (→ Seite 122) und Wasser, im fortgeschrittenen Stadium auch Eiweiß, verloren, was zu vermehrtem Trinken führt. Dadurch wird auch vermehrt Urin ausgeschieden, der hell gefärbt und geruchsarm ist. Schreitet die Krankheit fort, können die harnpflichtigen Substanzen nicht mehr ausgeschieden werden, es kommt zur Harnvergiftung (Urämie) mit Todesfolge.

Ursachen

Eine chronische Nierenentzündung kann sich aus einer akuten Entzündung der Nieren entwickeln. Sie kann auch als Folge eines anderen Krankheitsgeschehens im Körper auftreten, z.B. einer langanhaltenden Entzündung der Mundhöhlenschleimhaut oder von Virusinfektionen.

Selbstmaßnahmen

Wichtig: Die Behandlung von nierenkranken Katzen sollte nur in Übereinstimmung mit einem homöopathisch tätigen Therapeuten erfolgen.

● Homöopathische Einzelmittel

Arsenicum album C30, über 8 Tage verabreicht, ist das richtige Mittel bei starker Auszehrung, trockener, mit kleinen Schuppen durchsetzter Haut, viel Durst nach kleinen Mengen, wenn Wärme gut tut und die Symptome sich nach Mitternacht verschlechtern.

Mercurius C30, ebenfalls über 8 Tage gegeben, ist angezeigt, wenn häufiger Harndrang besteht, der Urin spärlich, trüb und blutig ist, die Katze einen aashaften Mundgeruch hat, nachts speichelt und eine dickbelegte, geschwollene Zunge mit Zahneindrücken aufweist.

● Bach-Blüten

Reagiert Ihre Katze	dann geben Sie
mit einem chronischen Zustand, um ihr wieder herauszuhelfen	Chestnut Bud
mit einer Vergiftung, zur Reinigung	Crab Apple
mit großer Ermüdung und Erschöpfung	Olive

● Komplexmittel

Hat die Katze akute Beschwerden, geben Sie ihr täglich 1 Ampulle Cantharis comp. S ins Trinkwasser, zur weiteren Behandlung 3mal wöchentlich 1 Ampulle. Bei akuten und chronischen Erkrankungen der Nieren und Harnwege verbessert Solidago comp. S, in der gleichen Dosierung wie Cantharis verabreicht, die Nierenfunktion.

Zur Dosierung aller Heilmittel → vordere Umschlagseite.

Wann zum Therapeuten?

Bei einer chronischen Nierenerkrankung sollte das Tier sofort einem Therapeuten zur Beurteilung des Schweregrades der Erkrankung vorgestellt werden.

Wichtig: Bei Verdacht einer Nierenerkrankung sollten Sie zur Untersuchung immer eine Harnprobe mitnehmen.

Welche Therapiemaßnahmen beim Therapeuten?

Der Therapeut wird neben der Allgemeinuntersuchung und der Palpation (→ Seite 123) der Nieren v.a. eine Harn- und Blutuntersuchung durchführen, um die Heilungsaussichten und die Therapiemöglichkeiten erfassen zu können.

Sind die Nieren schwer geschädigt, dann wird nur eine intensive Behandlung, u.a. Infusionen von Elektrolyt- und Zuckerlösungen, Aussicht auf Erfolg bringen.

Ist eine Leukoseerkrankung (→ Seite 123) die Ursache für die Nierenstörung, dann sollte eine Euthanasie (→ Seite 122) in Betracht gezogen werden, da Leukose unheilbar ist.

Vor- und Nachsorge

Die beste Vorsorge für Virusinfektionen wie Leukose oder FIP ist die regelmäßige Impfung (→ Seite 17), die eine gute Immunität bewirkt.

Außerdem ist eine ausgewogene Ernährung (→ Seite 12) Grundvoraussetzung für die Gesundheit der Katze.

Zeigen sich bei Ihrer Katze Anzeichen einer Nierenschädigung, dann sollten Sie ihr eine gezielte Diät mit vermindertem Eiweißgehalt anbieten. Die Diät können Sie selbst herstellen (→ Seite 109), oder Sie verwenden Fertigdiäten, die den Vorteil haben, daß sie schnell zu handhaben und in ihrer Zusammensetzung den Bedürfnissen der kranken Katze angepaßt sind.

Wichtig: Achten Sie immer darauf, daß Sie Ihrer Katze frisches Trinkwasser in sauberen Gefäßen zur Verfügung stellen.

Blasenentzündung

Entzündungen der Harnblase (Zystitis) sind bei der Katze keine Seltenheit.

Krankheitsbild

Die Katze versucht oft Harn abzusetzen, der aber nur tropfenweise kommt und zusätzlich noch blutig sein kann.

Manchmal kann das Tier auch den Harn nicht halten, so daß es überall seine »Blutströpfchen« hinterläßt. Das Harnlassen, das Hochheben und das Betasten der Bauchhöhle bereiten sichtlich Schmerzen.

Das Allgemeinbefinden ist oft noch nicht wesentlich beeinträchtigt. Fieber ist eher die Ausnahme, kommt aber bei einer bakteriellen Infektion vor.

Ursachen

Häufig werden Entzündungen der Harnblase durch Harngrieß und Harnsteine verursacht, die die Schleimhaut ständig reizen.

Eine Blasenentzündung kann entstehen, wenn sich die Katzen erkälten oder durchnäßt im Herbst nach Hause kommen. Sie kann sich auch aus einer aufsteigenden Infektion über die Harnröhre entwickeln, v.a. bei Kätzinnen, da sie eine relativ kurze Harnröhre haben.

Selbstmaßnahmen

Wichtig: Damit Blasenentzündungen nicht chronisch werden, ist schnelles und gezieltes therapeutisches Eingreifen notwendig.

● **Homöopathische Einzelmittel**
Belladonna D8 geben Sie alle 2 Stunden bei akuten Entzündungen mit Harnverhalten, Blut im Urin und Harntröpfeln.

4

Cantharis D6 ist das Hauptmittel bei unerträglichem, schmerzhaftem Harndrang und Zwang, und wenn blutiger Urin tropfenweise abgeht. Im Anfangsstadium geben Sie Cantharis alle 2 Stunden, bei Besserung reduzieren Sie die täglichen Gaben.

● Bach-Blüten

Reagiert Ihre Katze	dann geben Sie
mit Ruhelosigkeit	Agrimony
mit einem plötzlichen Krankheitsbeginn	Elm
mit einem erfolglosen Harnzwang	Cherry Plum
mit heftigen Entzündungsschmerzen	Holly

● Komplexmittel

Blasenentzündung behandeln Sie mit Reneel-Tabletten. Daneben können Sie auch Berberis-Homaccord bei Entzündungen mit Krämpfen und Plantago-Homaccord bei Reizblase geben.

Zur Dosierung aller Heilmittel → vordere Umschlagseite.

Wann zum Therapeuten?

Eine Blasenentzündung erfordert immer auch den Rat des Therapeuten, damit aus dem akuten kein chronisches Krankheitsgeschehen wird.

Welche Therapiemaßnahmen beim Therapeuten?

Wichtig: Bei Verdacht einer Blasenentzündung sollten Sie zum Therapeuten eine Harnprobe mitbringen.

Zuerst versucht der Therapeut entweder durch vorsichtiges Abtasten der Bachhöhle (meist verspannt) oder mittels einer Röntgenaufnahme oder einer Ultraschall-Untersuchung die Ursache abzuklären. Ist die Blase extrem gefüllt, wird er einen Katheter einführen und den Harn ablassen. Eine eventuelle bakterielle Infektion wird er durch Ansetzen einer Kultur diagnostizieren.

Entkrampfende Injektionen und eine antibiotische Behandlung durch den Tierarzt können nötig sein.

Vor- und Nachsorge

Bei Katzen mit einer empfindlichen Blase sollte man besonders in der naßkalten Jahreszeit eine gewisse Sorgfalt walten lassen. Wärme, ausreichend frisches Wasser oder auch Blasentees fördern die Nierenfunktion.

Hat Ihre Katze häufiger eine Blasenentzündung, dann sollte über längere Zeit eine intensive Behandlungskur durchgeführt werden, damit die Infektion nicht in die Nieren aufsteigt.

Harnsteine

Die Bildung von Harngrieß und Harnsteinen (Urolithiasis) wird z. B. durch ausschließliche Ernährung mit Trockenfutter, geringe Flüssigkeitsaufnahme, Bewegungsmangel oder Kastration begünstigt.

Gerade bei Katern mit ihrer langen, relativ engen Harnröhre können sich schon geringe Sedimentanteile im Urin gravierend auswirken, während bei der Kätzin sogar größere Steine den kurzen, weiten Harnröhrenkanal passieren können.

Krankheitsbild

Erste Anzeichen von Harngrieß im Urin sind Sediment, Blut und Eiter. Reizt der Grieß die Harnröhre, treten ernsthafte Beschwerden beim Harnabsatz auf, z. T. kommen nur noch Tröpfchen. Vor

Schmerzen und Brennen miaut die Katze. Verstopft ein Stein die Harnröhre gänzlich, staut sich der Urin bis in die Nieren zurück, es besteht die Gefahr eines Blasenrisses oder auch einer Harnvergiftung des Blutes (Urämie).

Ursachen

Neben falschen Haltungs- und Ernährungsbedingungen sind auch Entzündungen, die häufige Aufnahme kleiner Mengen Futters oder ein zu hoher Magnesiumgehalt in der Nahrung Ursache für Steine. Auch eine erbliche Disposition fördert die Bildung von Harnsteinen.

Selbstmaßnahmen

● Homöopathische Einzelmittel

Lycopodium C30 ist angezeigt, wenn Harnverhalten vorliegt oder die Katze schwer pressen muß, der Harn nur langsam in Gang kommt und wenn sich rotes Sediment im Urin befindet; ein weiteres Symptom für dieses Mittel ist eine Stoffwechselerkrankung, bei der die Leber mitbetroffen ist.
Berberis D12 verabreichen Sie über 2 – 3 Wochen, wenn häufiges Wasserlassen mit brennenden Schmerzen verbunden ist und der schleimige Urin ein hellrotes, mehliges Sediment hat.

● Bach-Blüten

Reagiert Ihre Katze	dann geben Sie
mit heftigen Beschwerden und Schmerzen	Rescue Remedy
mit Ruhelosigkeit bei Schmerzen	Agrimony
mit Unvermögen, Steine auszuscheiden	Crab Apple

● Komplexmittel

Das wichtigste Mittel ist Berberis-Homaccord, v.a. wenn krampfartige Zustände vorherrschen.

Zur Dosierung aller Heilmittel → vordere Umschlagseite.

Wann zum Therapeuten?

Bei akuten Schmerzzuständen, bei Harnverhalten oder wenn das Kätzchen einen apathischen Eindruck macht, sollte ein Therapeut die Erstbehandlung durchführen.

Welche Therapiemaßnahmen beim Therapeuten?

Ist die Harnröhre mit Grieß oder einem Harnstein verstopft, dann wird in Narkose eine Harnröhren-Spülung durchgeführt. Große Steine in der Harnblase können nur chirurgisch entfernt werden.
Wenn eine chronische Blasenentzündung die Ursache für die Harnsteine ist, wird der Therapeut erst diese Entzündung behandeln.

Vor- und Nachsorge

Achten Sie besonders auf ausreichende Bewegung, auf ausgewogene Ernährung und regelmäßige Fütterungszeiten (→ Seite 12 – 15).
Neigt die Katze zu Harnsteinen, geben Sie ihr eine spezielle Diät mit reduziertem Magnesiumanteil (nicht mehr als 20 mg/100 kcal) (→ Seite 12).
Da basischer Harn Steinbildung fördert, kann man dem Futter täglich 0,8 g Ammoniumchlorid zusetzen, um den Harn anzusäuern.

Wichtig: Harnsteinbildung ist ein konstitutionelles Problem. Bei anfälligen Katzen sollte der Urin regelmäßig untersucht werden.

Rasse-Dispositionen

Besonders Perserkatzen neigen zu Harnsteinbildung.

4

Erkrankungen der Gebärmutter

Krankheitsbild

A) Gebärmutterentzündung: Die Kätzin bekommt 1 – 3 Tage nach der Geburt plötzlich Fieber, wirkt apathisch und zeigt auch gegenüber den Welpen ein abweisendes Verhalten. In schweren Fällen tritt Erbrechen und Durchfall auf, das Tier wird matt und ausgetrocknet. In diesem Zustand sinkt die Milchproduktion rapide. Aus der Scheide fließt ein übelriechendes, unterschiedlich gefärbtes (meist dünnflüssig-rötliches) Sekret.

B) Vereiterte Gebärmutter: Neben den unter A) genannten Symptomen ist vor allem typisch:

– vermehrter Durst

– ein verspannter, vergrößerter Bauch, durch den man in der Regel die vergrößerte Gebärmutter ertasten kann

– Ausfluß aus der Scheide, der je nach Erregerart weißlich, gelb-grünlich oder schmutzig-rot und stinkend sein kann.

Wichtig: Ein schnelles, gezieltes Behandeln ist sowohl bei der Entzündung als auch bei der Vereiterung lebensnotwendig.

Ursachen

A) Die häufigsten Ursachen für Entzündungsprozesse in der Gebärmutter sind Früh- und Totgeburten. Daneben können auch ein verzögerter Geburtsablauf, Lageanomalien der Welpen, manuelle Geburtshilfe sowie zurückgebliebene Nachgeburtteile zu einer Gebärmutterentzündung führen.

B) Aus einer Entzündung kann sich eine Gebärmuttervereiterung entwickeln. Auch eine Störung der weiblichen Hormonregulation kann die Ursache sein.

Hormonbehandlungen und Eierstockzysten begünstigen Uteruserkrankungen.

Selbstmaßnahmen

● Homöopathische Einzelmittel

A) Entwickelt sich eine Gebärmutterentzündung langsam und zeigt die Katze kaum Allgemeinsymptome, behandeln Sie mit folgenden 2 Mitteln:

Pulsatilla C30 verabreichen Sie Ihrer Katze über 5 Tage, wenn sie gutmütig, aber wechselhaft in ihrem Charakter ist, keinen Durst hat und der Ausfluß dick und rahmig ist.

Sepia C30, ebenfalls über 5 Tage gegeben, ist angezeigt, wenn die Mutter ein abweisendes Verhalten gegenüber den Welpen zeigt und die Sekrete unterschiedlich sind.

B) Pulsatilla C30 ist das richtige Mittel für eine verschmuste, aber launenhafte Katze; es läßt den Eiter aus der Gebärmutter abfließen. Verabreichen Sie das Mittel 2mal täglich über 5 Tage, bei Besserung nur noch 1mal täglich über 5 Tage.

Wenn die Katze auf ihre Jungen abweisend reagiert und das Sekret bräunlich gefärbt ist, geben Sie 10 Tage lang Sepia D12.

● Bach-Blüten

Reagiert Ihre Katze	dann geben Sie
mit Krankheit nach dem Geburtsvorgang	Walnut
apathisch und resigniert	Wild Rose, Walnut
mit Kraftlosigkeit, wenig Widerstand	Centaury
mit innerlicher »Verunreinigung«	Crab Apple
mit Müdigkeit, als Anstoß zu mehr Kraft	Hornbeam

● Komplexmittel

A) Verabreichen Sie bei fieberhaften Entzündungen der Gebärmutter nach der Geburt entweder Febrisal (4 Tage lang früh und abends je $1/2$ Ampulle ins Trinkwasser oder in Wasser aufgelöst direkt in die Backentasche) oder Echinacea comp. S über 5 Tage 2mal täglich $1/2$ Ampulle ins Trinkwasser.

B) Französische Homöopathen schlagen folgende Behandlung vor: Das Pulver von Sepia D6, Helonias D6 und Hydrastis D6 wird zu gleichen Teilen gemischt (vom Apotheker), davon geben Sie 3mal täglich 1 Dosis. Verbessert sich der Zustand, reduzieren Sie die Gaben, bis kein Ausfluß mehr vorhanden ist.

Wann zum Therapeuten?

Sowohl eine Gebärmutterentzündung als auch eine -vereiterung sind schwere Erkrankungen und erfordern unbedingt die Behandlung durch den Tierarzt.

Welche Therapiemaßnahmen beim Therapeuten?

A) Der Therapeut wird abklären, ob eine homöopathische Behandlung in Frage kommt. Andernfalls wird eine antibiotische Behandlung, sowohl örtlich in die Gebärmutter als auch als Allgemeintherapie, notwendig sein. Ein Arzneimittel, das die Gebärmutter kontrahiert, kann zusätzlich verabreicht werden. Ist die Katze stark geschwächt (z.B. nach einer Schwergeburt) und ausgezehrt, dann wird nur eine Infusion mit Elektrolyten und Zucker das Tier aufbauen.
B) In der Regel werden die Eierstöcke, die Eileiter und die Gebärmutter mit einem Teil des Muttermundes entfernt (Hysterektomie).

Vor- und Nachsorge

A) Verabreichen Sie Ihrer trächtigen Katze in den letzten beiden Wochen vor dem Geburtstermin je eine Dosis von Sepia C30 oder Pulsatilla C30, wenn die Konstitution (→ Seite 123) paßt.
Ergeben sich während der Geburtsphase Komplikationen, ist es sinnvoll, nach Beendigung der Geburt vom Tierarzt eine vorbeugende Behandlung gegen eine Gebärmutterentzündung durchführen zu lassen, da die meisten Kätzinnen hinterher an einer Infektion erkranken.
Bei einer Gebärmutterentzündung ist meist die Milchproduktion der Katzenmutter ungenügend; deshalb sollten Sie den Welpen eine Ersatzmilch zufüttern.
B) Eine Gebärmuttervereiterung können Sie vermeiden, indem Sie die Katze kastrieren lassen.
Ist eine Operation notwendig, wird der Tierarzt Anweisungen für die nachfolgende Betreuung der Katze geben. Zur homöopathischen Nachbehandlung der Operation → Seite 27.

Gesäugeentzündung

4

Sind zu wenig Welpen da, die die Milch absaugen, kann es zu einem Milchstau mit nachfolgender Entzündung des Gesäuges (Mastitis) kommen. Auch wenn die Kätzchen schon abgestillt sind, aber noch Milch produziert wird, kann sich eine Mastitis entwickeln.

Krankheitsbild

Das Muttertier ist unruhig und wehrt die Welpen ab. Die entzündeten Gesäugekomplexe sind, äußerlich sichtbar, stark gerötet und geschwollen. Das Gewebe ist hart, Druck schmerzt das Tier. Meist hat die Katze auch Fieber, macht einen sehr kranken und apathischen Eindruck und nimmt oft weder Nahrung noch Flüssigkeit auf.

Ursachen

Durch die im Gesäuge verbliebene Milch finden Bakterien einen geeigneten Nährboden, sich zu vermehren. Dies führt dann schnell zu einer Infektion.

Selbstmaßnahmen

Äußerlich werden <u>kühlende Umschläge</u> den Entzündungsprozeß schneller zum Abklingen bringen. Eine bewährte Methode ist, Obstessig mit Wasser im Verhältnis 1:4 zu verdünnen und 2- bis 3mal täglich als Umschlag aufzulegen.

Wichtig: Da krankmachende Keime über die Muttermilch übertragen werden, sollten Sie die Welpen von der Mutter trennen und mit einer Aufzuchtmilch ernähren.

● Homöopathische Einzelmittel

Bei einer heftigen, plötzlichen Entzündung, die örtlich mit einer starken Rötung und Schwellung sowie allgemein mit hohem Fieber abläuft, ist <u>Belladonna D12</u> angesagt.
Geben Sie <u>Apis D12</u>, wenn die Entzündung an einen Bienenstich erinnert, das Gewebe sehr berührungsempfindlich ist und eine ödematöse (→ Seite 123) Schwellung bei ausgesprochener Durstlosigkeit vorliegt.
Verabreichen Sie von den Mitteln in der akuten Entzündungsphase alle 1 – 2 Stunden 1 Dosis. Ist die Entzündung sehr heftig, dann ist die Behandlung von Apis und Belladonna, alle 1 – 2 Stunden im Wechsel, sinnvoll.
<u>Lachesis D12</u>, 3- bis 6mal in den ersten Tagen verabreicht, danach weniger, ist das richtige Mittel, wenn die linke Seite betroffen ist, sich eine bläuliche Verfärbung zeigt und eine Verschlechterung in die Nacht hinein vorhanden ist.

● Bach–Blüten

Reagiert Ihre Katze	dann geben Sie
mit einer heftigen, »inneren« Verletzung	Rescue Remedy
mit einer apathischen Resignation	Wild Rose
mit heftiger Entzündungsreaktion	Holly

● Komplexmittel

Mit <u>Belladonna-Homaccord</u> und <u>Traumeel-Tabletten</u> (evtl. im Wechsel) werden sich die heftigen Entzündungsreaktionen schnell beruhigen.

Zur Dosierung aller Heilmittel → vordere Umschlagseite.

Wichtig: Das Muttertier wird solange behandelt, bis sich das Gesäuge wieder normalisiert hat.

Wann zum Therapeuten?

Bei einer Mastitis sollten Sie so schnell wie möglich den Therapeuten konsultieren, da die Gesundheit des Muttertieres und das Leben der Welpen auf dem Spiel stehen.

Welche Therapiemaßnahmen beim Therapeuten?

Erstes Ziel ist, die Entzündung zum Abklingen zu bringen. Dabei kann der Einsatz von Antibiotika und entzündungshemmenden Mitteln angezeigt sein, was der Behandlung durch den Tierarzt vorbehalten ist.

Vor- und Nachsorge

Hat eine Kätzin zu wenige lebende Welpen, dann kann sie Amme für andere Kätzchen, die z. B. ihre Mutter verloren haben, werden. Damit sie die »Fremdlinge« annimmt, sollte man alle Welpen geruchsneutral machen, indem man sie alle mit Alkohol abreibt.
Katzenwelpen, die von Hand aufgezogen werden, müssen die erste Woche alle 2 – 3 Stunden getränkt werden, auch in der Nacht. Danach massieren Sie leicht die Bauch- und Analregion, um die Ausscheidung anzuregen (→ mutterlose Aufzucht, Seite 18).

Erkrankungen der Haut und Drüsen

Das Sinnesorgan Haut dient der Kommunikation mit der Umwelt; es nimmt Reize aus dem Umfeld auf und leitet sie an das Gehirn weiter. Andererseits schützt die Haut als äußere Umkleidung gegen schädliche Einflüsse durch Chemikalien, Strahlung, Hitze oder mechanische Hindernisse und bewahrt den Organismus so vor inneren Schäden. Sie reguliert außerdem die Temperatur und greift in den Elektrolyt- und Wasserhaushalt ein.

Bei Veränderungen im Aussehen des Haarkleides sowie bei Juckreiz, Haarausfall und Entzündungen sollten Sie das Fell kontrollieren, z. B. auf Parasiten, Krusten oder Verletzungen. Darüber hinaus kann die Erkrankung der Haut auch auf eine innere Störung (Nierenentzündung, Lebererkrankung, Allergie) zurückzuführen sein.

In den Drüsen des Korpers werden lebenswichtige Hormone gebildet, die schon in geringsten Konzentrationen tiefgreifende Stoffwechselvorgänge auslösen. Bedeutende Drüsenorgane sind u.a. die Hypophyse, die Schilddrüse, die Bauchspeicheldrüse, die Nebennieren und die Keimdrüsen. Drüsenerkrankungen stellen bei der Katze die Ausnahme dar und erfordern in der Regel die Behandlung durch einen Therapeuten.

Abszeß

Ein Abszeß ist eine Eiteransammlung in einem Hohlraum, die von einer Kapsel umgeben ist. Bevorzugte Stellen sind der Kopf, die Vorderbrust und die Schwanzregion.

Krankheitsbild

Die akut entzündliche Schwellung (Abszeß) fühlt sich heiß an und ist schmerzhaft. Die Temperatur ist im fortgeschrittenen Krankheitsverlauf erhöht, die Tiere haben nur mäßigen Appetit und wirken abgeschlagen. Der Höhepunkt der Infektion liegt meist zwischen dem 10. und 14. Tag nach der Verletzung. Nach Aufbrechen des Abszesses fließt je nach Keimart ein blutig-wäßriges oder ein dickes grünlich-eitriges Sekret ab. Ab diesem Zeitpunkt setzt der Heilungsprozeß ein.

Ursachen

Bei Auseinandersetzungen mit Rivalen entstehen Biß- und Kratzverletzungen, die sich beim Abschlecken und über Schmutzpartikel mit Erregern infizieren. Nach Tagen schließt sich die Verletzung, die Erreger vermehren sich unter der Haut weiter und bauen ein starkes Entzündungsgeschehen auf. Der Körper reagiert meist mit einer Abkapselung des Herdes und einer Einschmelzung der Entzündungserreger: mit einem Abszeß.

Selbstmaßnahmen

Eine örtliche Behandlung mit essigsaurer Tonerde (im Handel als Acetat-Mischung erhältlich), 2mal täglich aufgetragen, lindert die Entzündungsreaktion und kühlt den heißen Abszeßbereich.

● **Homöopathische Einzelmittel**

Im Anfangsstadium heilt Hepar sulfuris D12 den Abszeß, d.h., der Körper löst die Entzündung in-

5

nerlich auf. Hat sich eine Abszeßkapsel gebildet und soll der Abszeß aufbrechen, dann geben Sie Hepar sulfuris D6 über 7 Tage.
Hat sich der Abszeß geöffnet, vollzieht Silicea D12, über 8 - 10 Tage gegeben, die endgültige Heilung.

● **Bach-Blüten**

Ist die Abwehr Ihrer Katze geschwächt, hilft ihr Centaury, bei einer örtlichen »Verunreinigung« geben Sie Crab Apple; Sie können beide Blüten auch kombiniert einsetzen.

● **Komplexmittel**

Geben Sie 1 Tablette Mercurius-Heel 3- bis 6mal täglich, evtl. im Wechsel mit Traumeel-Tabletten. Zur Linderung tragen Sie äußerlich Traumeel- oder Rescue-Salbe auf.

Zur Dosierung aller Heilmittel → vordere Umschlagseite.

Wann zum Therapeuten?

Stellt sich keine Besserung ein oder ist das Allgemeinbefinden stark in Mitleidenschaft gezogen, sollten Sie zum Therapeuten gehen.

Welche Therapiemaßnahmen beim Therapeuten?

Zur diagnostischen Sicherung kann der Therapeut eine Punktion (→ Seite 123) durchführen.
Ein reifer Abszeß wird operativ eröffnet.

Vor- und Nachsorge

Auseinandersetzungen zwischen Rivalen lassen sich nur schwer vermeiden. Bei ganz hartnäckigen »Kämpfern«, die immer wieder mit Verletzungen und Abszessen nach Hause kommen, sollte man eine Kastration (→ Seite 19) ins Auge fassen.

Phlegmone

Die Phlegmone (→ Seite 123) ist eine Infektion im Bindegewebe unter der Haut, die sich vorwiegend an den Gliedmaßen ereignet.

Krankheitsbild

Durch eine kleine Verletzung sind Erreger eingedrungen. Die Stelle ist geschwollen, gerötet, sehr warm und schmerzhaft. Breitet sich die Entzündung im Gewebe aus, treten auch deutliche Krankheitssymptome auf. Die Tiere hinken auf dem betroffenen Bein. Bei stärkeren Schmerzen, v.a. im Gelenkbereich, wird das Bein nicht mehr belastet. Eine Berührung der Pfote löst heftige Schmerzen aus.

Ursachen

Durch Hautläsionen nach Unfällen oder Bißverletzungen dringen Keime in das Bindegewebe unter der Haut ein und vermehren sich. In der Regel sind es bakterielle Eitererreger, die das Krankheitsgeschehen verursachen.

Selbstmaßnahmen

Auf die heiße Schwellung bereiten Sie 2mal täglich einen kühlenden Umschlag mit essigsaurer Tonerde.

● **Homöopathische Einzelmittel**

Geben Sie in den ersten 3 - 5 Tagen alle 2 Stunden im Wechsel jeweils Belladonna D6 und Apis D6, also von jedem Mittel am Tag 3 Einzeldosen. Bei Besserung wird die Anzahl der täglichen Gaben langsam reduziert, bis sich die Phlegmone zurückgebildet hat.
Kommt es zu einer Abszeßbildung, → Selbstmaßnahmen Seite 69.

● **Bach-Blüten**

Reagiert Ihre Katze	dann geben Sie
mit Verletzungsfolgen	Rescue Remedy
mit einer geschwächten Abwehr	Centaury
mit einer Verunreinigung	Crab Apple
mit einer heftigen, schmerzhaften Entzündung	Holly

● **Komplexmittel**

Belladonna-Homaccord, 3- bis 6mal täglich verabreicht, oder Belladonna im Wechsel mit Traumeel, von jedem Mittel 3 Gaben pro Tag, nimmt der Phlegmone die heftige Entzündung.

Auch Echinacea comp. S - pro Tag $1/2$ Ampulle ins Trinkwasser oder in einer Spritze aufgelöst direkt in das Maul gegeben - hilft gegen derartige Entzündungen.

Zur Dosierung aller Heilmittel → vordere Umschlagseite.

Wann zum Therapeuten?

Da eine Phlegmone oft erst bei deutlichen Symptomen, also Schwellung und Lahmheit, bemerkt wird und außerdem die Erreger in den Körper ausstreuen, muß eine Selbstbehandlung schnell Erfolg bringen, sonst sollte unbedingt ein Therapeut die Katze behandeln.

Welche Therapiemaßnahmen beim Therapeuten?

Der Allgemeinzustand, der Grad der entzündlichen Schwellung und die infektiöse Gefahr für Gelenke sind ausschlaggebend, welche pflanzlichen Mittel zur Heilung verwendet werden. Kommt der Prozeß nicht zur Ruhe, sollte auch eine antibiotische Versorgung durch den Tierarzt in Erwägung gezogen werden.

Vor- und Nachsorge

Bei jeder Verletzung Ihrer Katze verabreichen Sie erst einmal Arnica D12, wenn sich sonst keine außerordentlichen Krankheitssymptome zeigen. Auf diese Art und Weise können Sie schon im Vorfeld viel zur Heilung beitragen.

Ist eine allopathische (→ Seite 122) Behandlung vonnöten, wird der Organismus nach vollzogener Heilung mit einer Gabe Sulfur C30 wieder ins Gleichgewicht gebracht.

Akne

Am Kinn der Katze befinden sich vermehrt Talgdrüsen, die sich entzünden können und dann eine Akne (Follikulitis) hervorrufen.

Krankheitsbild

Das Kinn ist verdickt, die Haut gerötet und schmerzhaft. Durch die Sekretbildung kommt es zu Verklebungen, die Haare fallen aus. Dabei bilden sich entweder Pickel oder Pusteln, oder es können auch größere Areale in das eitrige Geschehen einbezogen sein, so daß eine Furunkulose (ausgedehnte Entzündung der Haarbälge) entsteht.

Ursachen

Bakterien dringen in die Haarbälge ein und lösen eine eitrig-entzündliche Reaktion aus.

Auch innere Ursachen, wie hormonelle Störungen, können zu Akne führen.

Selbstmaßnahmen

Säubern Sie äußerlich den entzündeten Bereich vorsichtig mit Kamillentee, dann tragen Sie 3mal täglich dünn Calendula- oder Traumeel-Salbe auf.

5

● **Homöopathische Einzelmittel**
Geben Sie über 1 - 2 Wochen Hepar sulfuris D12.

● **Bach-Blüten**
Bei einem örtlichen Entzündungsherd hilft Crab Apple, zur Steigerung der Abwehrkraft Walnut.

● **Komplexmittel**
Verabreichen Sie Ihrer Katze Traumeel-Tabletten.

Zur Dosierung aller Heilmittel → vordere Umschlagseite.

Wann zum Therapeuten?

Bei einer sehr hartnäckigen Akne sollte der Therapeut zu Rate gezogen werden.

Welche Therapiemaßnahmen beim Therapeuten?

Treten neben der Akne noch andere Krankheitszeichen auf, so kann es notwendig sein, ein Blutbild anzufertigen, um eventuelle organische Störungen festzustellen.

Vor- und Nachsorge

Ist eine Katze anfällig für Akne, dann sollte der Kinnbereich regelmäßig kontrolliert werden, um frühzeitig therapeutisch eingreifen zu können.

Haarausfall

Um sich optimal an die Außentemperaturen anzupassen, wechseln Katzen zweimal im Jahr (Frühjahr, Herbst) das Haarkleid. Vermehrter Haarausfall am ganzen Körper ist zu dieser Zeit normal. Lokal begrenzter Haarausfall oder Haarausfall außerhalb der »normalen« Fellwechsel-Zeit deuten auf eine Krankheit hin.

Krankheitsbild

Die Erscheinungsformen von haarlosen Stellen sind sehr unterschiedlich und reichen von kleinen runden Bezirken bis zu großflächigen Arealen. Entsprechend der Ursache sind auch die Hautveränderungen typisch.
Folgen der übermäßigen Haaraufnahme bei der Fellpflege können Gastritis oder ständiges Erbrechen von Haarklumpen (→ Seite 52) sein.

Ursachen

Als äußerliche Ursachen von Haarausfall (Alopezie) kommen Ektoparasiten (→ Seite 86 – 88), Pilzerkrankungen (→ Seite 98), Entzündungen (Dermatitis) und Ekzeme (→ Seite 73) sowie Kontakt- und Flohallergien in Betracht.
Zu den innerlichen Ursachen zählen Organerkrankungen (Leber, Nieren), Nahrungsmittelallergien, bakterielle Infektionen (z. B. Tuberkulose), Bandwurmbefall (→ Seite 89) oder hormonelle Störungen. Darüber hinaus können Katzen neben einer erblich bedingten Haarlosigkeit auch bei Infektionskrankheiten und bei Streß »Haare lassen«.

Wichtig: Lokal begrenzten haarlosen Stellen von unterschiedlicher Ausdehnung sollten Sie besondere Aufmerksamkeit schenken, nicht zuletzt auch wegen der Ansteckungsgefahr für den Menschen.

Selbstmaßnahmen

● **Homöopathische Einzelmittel**
Haarausfall durch hormonelle Umstellung nach Kastration behandeln Sie 7 Tage lang mit Staphisagria D12.

Wenn das Haarkleid stumpf und schmutzig ist und riecht, wird Sulfur C30, 7 Tage lang gegeben, gute Dienste leisten.

● Bach-Blüten

Reagiert Ihre Katze	dann geben Sie
mit einem unreinen Fell	Crab Apple
mit einer stetigen Verschlechterung	Wild Rose
mit einem Erschöpfungszustand	Olive
mit einer allergischen Reaktion	Beech

Die Bach-Blüten können Sie auch kombinieren.

● Komplexmittel

Bei Hautallergien und chronischen Hauterkrankungen verabreichen Sie Sulfur-Heel, evtl. im Wechsel mit Traumeel, jeweils 2 Tabletten am Tag. Haarausfall mit unterschiedlichen Hauterkrankungen behandeln Sie mit Cutis comp., von dem Sie 1- bis 3mal wöchentlich 1 Ampulle ins Trinkwasser geben.

Zur Dosierung aller Heilmittel → vordere Umschlagseite.

Wann zum Therapeuten?

Da Haarausfall immer durch eine Grunderkrankung ausgelöst wird, sollte die Katze trotz Ihrer Behandlung zur Ursachenklärung einem Therapeuten vorgestellt werden.

Welche Therapiemaßnahmen beim Therapeuten?

Untersuchungen der Haut (Geschabsel), des Kotes sowie des Blutbilds sind notwendige diagnostische Verfahren zur Abklärung der Ursache.

Der Therapeut wird das entsprechende Konstitutionsmittel (→ Seite 123) zur Stabilisierung des Organismus suchen.

Vor- und Nachsorge

Regelmäßige Entwurmungen (→ Seite 16) sowie eine artgerechte Ernährung (→ Seite 12) sind Grundvoraussetzungen für ein gesundes Fell.
Zur Zeit des Haarwechsels sollten Sie das Fell intensiv pflegen, um die übermäßige Aufnahme von Haaren beim Ablecken zu vermeiden.
In der warmen Jahreszeit sind Katzen regelmäßig auf Ektoparasiten (→ Seite 86) zu untersuchen.

Wichtig: Haarausfall ist nur ein Symptom für eine Grundkrankheit, die mit großer Sorgfalt therapiert werden muß, denn die Beschaffenheit des Felles ist ein Barometer für den Gesundheitszustand der Katze.

Ekzeme

Entzündungen der Haut, sog. Ekzeme oder Hautausschläge, zeigen sich bei Katzen in unterschiedlichen Hautveränderungen, die durch das Belecken beim Putzen oft noch verstärkt werden und sich dann zusätzlich mit Bakterien infizieren. In der Praxis stellen sich Ekzeme manchmal als sehr hartnäckig und therapieresistent (→ Seite 123) heraus, so daß vor der Behandlung alle möglichen Ursachen abgeklärt werden müssen.

Krankheitsbild

Haarausfall (→ Seite 72), vermehrtes Lecken an einer bestimmten Körperstelle und eine allgemeine Unruhe sind erste Anzeichen eines Ekzems. Der mehr oder weniger starke Juckreiz, neben den entzündlichen Reaktionen ein Hauptsymptom von Ekzemen, veranlaßt die Katze zu ständigem Lecken und Beißen; das kann soweit führen, daß Schmerzen auftreten und sich die Katze nicht mehr anfassen läßt. Dehnt sich der erkrankte Bereich aus, verstärken sich die Symptome.

Je nach Hautveränderung unterscheidet man Pickel, Pusteln, Papeln, Flechten oder auch großflächige, entzündliche Herde, die trocken, nässend, feucht, krustig und schuppig sein können.

Die Art der Hautveränderung ist für die naturheilkundliche Therapie von besonderer Bedeutung.

Ursachen

Äußere Ursachen von Ekzemen sind Parasiten (→ Seiten 86 – 88), Allergien durch Kontakt mit chemischen Substanzen (z.B. Flohhalsbänder) sowie mechanische (Verletzungen), chemische (Säuren) und physikalische (Strahlen) Irritationen der Haut. Auch Viren und Bakterien, die als Sekundärkeime eine bedeutende Rolle spielen, sowie Hautpilze können Ekzeme auslösen.

Als innere Ursachen kommen v.a. Fehlernährung, Darmparasiten (→ Seite 89 – 91), Stoffwechselstörungen und Magen-Darmerkrankungen (→ Seite 53) in Betracht. Nahrungsmittelallergien oder Zuckerkrankheit können ebenfalls Hautentzündungen verursachen.

Selbstmaßnahmen

Wichtig: Vor Behandlungsbeginn sollten Sie zuerst prüfen, wann die Katze das letzte Mal entwurmt worden ist.

Falls einseitige Ernährung die Ursache für die Hautstörung ist, sollten Sie die Ernährung umstellen (→ Seite 12); Katzen, denen fast ausschließlich Trockenfutter angeboten wird, leiden vermehrt an Ekzemen.

Örtliche Behandlung mit Calendula (Salbe oder Tropfen) oder Johanniskrautöl nimmt den Juckreiz und wirkt lindernd auf die Haut.

● **Homöopathische Einzelmittel**

Sulfur D12 ist richtig bei trockener und großschuppiger Haut, juckendem Ausschlag und wenn Kratzen und Waschen verschlechtert. Die Katze riecht unangenehm und hat auch übelriechende Absonderungen. Die Körperöffnungen sind gerötet, das Tier sucht die Kälte auf, weil es ihm innerlich heiß ist.

Natrium muriaticum D12 wird dem zurückhaltenden Kätzchen gegeben, das ängstlich ist und leicht ermüdet. Trockene Ausschläge befinden sich bevorzugt an den Gelenkbeugen, die Ekzeme sind wund, gerötet und jucken.

Ekzeme mit dicken, honigartigen Absonderungen verlangen nach Graphites D12; die Katze ist außerdem übergewichtig, immer schläfrig und den ganzen Tag hungrig.

Mercurius hilft bei nässenden Ausschlägen mit Blasen und eitrig gefüllten Bläschen (Pusteln). Die Hautausschläge erscheinen geschwürig, die Krusten eitern, manchmal ist auch vermehrter Speichel (auch nachts) vorhanden.

Ein trockenes Ekzem mit kleiner Schuppenbildung, das oft schon lange besteht, wird mit Arsenicum album D12 geheilt. Jucken und Brennen sind typische Arsen-Symptome. Bemerkenswert ist die nächtliche Verschlimmerung, außerdem haben die mageren Tiere ein starkes Wärmebedürfnis sowie großen Durst, wobei nur kleine Schlucke getrunken werden. Die Nosode Psorinum D12 wird gegen den schlimmsten Juckreiz, bei sehr unangenehmen Absonderungen und entsprechendem Körpergeruch sowie bei großer Kälteempfindlichkeit eingesetzt. Psorinum kann angewendet werden, wenn andere gut gewählte Hautmittel nicht wirken. Alle genannten Mittel werden 2mal täglich gegeben, bis das Ekzem abgeheilt ist.

- ● **Bach–Blüten**

Reagiert Ihre Katze	**dann geben Sie**
mit einem unreinen, »schmutzigen« Fell	Crab Apple
mit einer Überreaktion der Haut	Beech
mit einer geschwächten Abwehrkraft	Centaury
mit einer »erschöpften Haut«	Olive

- ● **Komplexmittel**

Hauterkrankungen und juckende Ekzeme behandeln Sie entweder mit Schwef-Heel-Tropfen oder Sulfur-Heel-Tabletten. Ist die Katze wohl genährt, kann immer fressen und hat sie trockene, rissige Haut, dann ist Graphites-Homaccord das richtige Heilmittel.

Zur Dosierung aller Heilmittel → vordere Umschlagseite.

Wann zum Therapeuten?

Sie sollten einen Therapeuten aufsuchen, wenn die Hautausschläge nicht heilen oder wenn die Katze sichtbar darunter leidet.

Welche Therapiemaßnahmen beim Therapeuten?

Bei äußeren Faktoren als Auslöser ist die mikroskopische Untersuchung eines Hautgeschabsels das wichtigste Verfahren. Bei Verdacht einer inneren Erkrankung werden zur Ursachenklärung Kot, Urin und Blut untersucht.
Ist das Fell stark verklebt und verkrustet, dann wird der Therapeut den Ekzembereich großflächig ausscheren, damit die Haut austrocknen und abheilen kann. Salben oder Puder können eingesetzt werden, sie wirken aber oft »zudeckend« auf den Ausschlag. Besser ist die ganzheitliche Behandlung, da viele Ursachen, gerade auf der Haut, erst durch ein Ungleichgewicht in der Konstitution entstehen können.

Vor- und Nachsorge

Ernährungsfehler sind oft Grund für Ekzeme. Achten Sie deshalb auf ausgewogene und abwechslungsreiche Mahlzeiten (→ Seite 12). Bei Anfälligkeit für Ekzeme sollte Trockenfutter weggelassen werden. Auf keinen Fall darf den Katzen Hundefutter gegeben werden. Im Handel sowie bei den Tierärzten gibt es Diäten für Hauterkrankungen.
Regelmäßige Entwurmung, gerade gegen Bandwürmer, ist ein Muß bei jeder Katze, die freien Auslauf hat, mit anderen Katzen in Berührung kommt und die v. a. auch Mäuse fängt und frißt.
Zu Ektoparasiten, → Seite 86 – 88.
Alle hautschädigenden Sachen im Haushalt sind so zu verwahren, daß keine Gefahr für die unternehmungslustigen Katzen besteht.
Innere Krankheiten sind gründlich zu behandeln, damit nicht auch andere Organe als die bereits in Mitleidenschaft gezogenen geschädigt werden.

Wichtig: Ekzeme werden nach Anweisungen des Therapeuten solange behandelt, bis sich die Katze wieder mit einem gesunden Fell zeigt; das kann Wochen bis Monate dauern.

5

Tumoren

Tumoren kommen bei älteren Tieren im Verhältnis öfter vor als bei Jungkatzen. Sie können einzeln oder in größerer Anordnung auftreten.
Gutartige Tumoren sind vom umliegenden Gewebe gut abzugrenzen, lassen sich verschieben, treten vereinzelt auf und verändern sich über lange Zeit kaum an Größe und Umfang.

Bösartige Geschwülste wachsen schnell, expandieren in das umliegende Gewebe, so daß sie schwer abzugrenzen sind, und breiten sich über Blut- und Lymphbahnen auf andere Organsysteme aus. Mit solch einem malignen Tumor wird sich auch das Allgemeinbefinden der Katze schnell verschlechtern.

Krankheitsbild

A) Tumoren der Haut sind knotige, geschwulstige Verdickungen. Oft zeigen die befallenen Tiere über längere Zeit keine Krankheitssymptome.

B) Tumoren des Gesäuges zeigen sich als Knoten von unterschiedlicher Größe und Beschaffenheit in der Gesäugeleiste. In der Regel sind sie schmerzlos und oft über lange Zeit unauffällig und verändern sich nicht; sie können aber urplötzlich zu wachsen beginnen und einen erheblichen Umfang erreichen, was der Katze dann auch sichtbar Beschwerden bereitet.

Ursachen

Die Ursache von Tumoren ist wissenschaftlich noch nicht geklärt, eine mögliche Virusbeteiligung wird jedoch angenommen. Außerdem können auch Umweltfaktoren, Klima, erbliche Dispositionen, Ernährungsbedingungen, infektiöse Krankheitserreger, Alter oder Konstitution zur Entstehung von Tumoren beitragen.

Selbstmaßnahmen

Tumoren der Haut sowie Knoten im Gesäuge kann man äußerlich unterstützend mit Traumeel- oder Calendula-Salbe einreiben.

● Homöopathische Einzelmittel

A) und B) Mit Conium D12, die 1. Woche 3mal täglich, dann nur noch 2mal pro Tag gegeben, behandeln Sie harte, schmerzhafte Tumoren mit höckeriger Oberfläche.

A) Thuja D12, über ca. 3 Wochen verabreicht, ist das richtige Mittel, wenn sich Warzen oder warzenartige Gebilde auf der Haut ausbreiten.

Calcium carbonicum C30 und Lycopodium C30 helfen ebenfalls bei tumorösen Entartungen der Haut; geben Sie 1mal täglich 5 Globuli über 1 Woche, wenn das Mittel zur Konstitution paßt (→ Seite 123).

B) Phytolacca D6 ist das richtige Mittel bei Tumoren im Gesäuge, wenn das Drüsengewebe hart und schmerzhaft ist. Die tumoröse Entzündung kann auch zu einem Abszeß führen. Verabreichen Sie Phytolacca 3mal täglich, in der akuten Phase bis 6mal, über mehrere Wochen.

● Bach-Blüten

Reagiert Ihre Katze	**dann geben Sie**
mit einem unveränderten Zustand	Wild Oat
mit Müdigkeit v. a. morgens	Hornbeam
mit verminderter Lebenskraft	Scleranthus
ruhelos	Agrimony
mit einem tumorösen Leiden	Holly

Ist Ihre Katze müde, apathisch mit indifferentem Zustand, dann verabreichen Sie eine Mischung von Wild Oat, Hornbeam und Scleranthus.

● Komplexmittel

Gegen Tumoren der Haut und des Gesäuges hilft Carcinomium comp., von dem Sie jeden 3. Tag $1/_2$ Ampulle ins Trinkwasser geben. Allerdings sollten Sie diese Therapie mit einem Therapeuten abstimmen!

Zur Dosierung aller Heilmittel → vordere Umschlagseite.

Wann zum Therapeuten?

Tumoren, v. a. schnellwachsende, sollten immer dem Therapeuten gezeigt werden.

Welche Therapiemaßnahmen beim Therapeuten?

Durch eine naturheilkundliche Behandlung kann das Wachstum der Gesäugetumoren im allgemeinen zum Stillstand gebracht werden, manchmal bilden sie sich sogar gänzlich zurück.

Solange ein Knoten unauffällig in Größe und Beschaffenheit ist, wird man ihn nur beobachten. Treten jedoch deutliche Beschwerden auf (z. B. aufgrund der Lage oder Größe des Tumors), wird eine Operation unumgänglich werden; zur Vor- und Nachsorge bei Operationen → Seite 27.

Vor- und Nachsorge

A) Hauttumoren kommen bei der Katze gelegentlich vor, sind aber in der Regel gutartig. Haben Sie Knötchen oder Verdickungen in der Haut entdeckt, sollten Sie diese ab und zu kontrollieren sowie einem Tierarzt bei der nächsten Impfung zeigen.
B) Kontrollieren Sie bei der Pflege immer wieder einmal das Gesäuge auf Abweichungen. Knoten sind nicht immer tumorös, es können sich auch Verhärtungen und Zysten bilden, die als unbedenklich einzustufen sind. Der Therapeut wird bei der Beurteilung und Versorgung gute Ratschläge erteilen.

Überfunktion der Schilddrüse

Die Schilddrüse liegt beiderseits am Hals, seitlich des Kehlkopfes. In der Regel ist sie nicht tastbar, erst bei Überfunktion (Hyperthyreoidismus) vergrößert sie sich so, daß sie äußerlich spürbar wird.

Krankheitsbild

Eine Überfunktion der Schilddrüse, d. h. die vermehrte Produktion von Schilddrüsenhormon, ist v. a. durch gesteigerte Körperfunktionen gekennzeichnet. Charakteristisches Symptom ist Abmagerung trotz unstillbaren Hungers, denn die Nahrung wird im Darm nur ungenügend resorbiert; die Folge sind großkalibrige, mehrmals am Tag abgesetzte Stühle. Gelegentlich tritt auch Durchfall auf. Desweiteren sind die kranken Katzen übererregt und schreckhaft, die Herztätigkeit ist beschleunigt, die Herztöne sind unregelmäßig. Besonders auffällig ist der vermehrte Durst sowie gelegentlich auch eine allgemeine Schwäche mit Muskelzittern.

Ursachen

Häufigste Ursache für eine Überfunktion der Schilddrüse sind gutartige Schwellungen des Drüsengewebes. Bösartige Karzinome sind selten.

Selbstmaßnahmen

● **Homöopathische Einzelmittel**

Jodum C30, über 2 Wochen eingenommen, ist das spezifische Mittel bei Schilddrüsenerkrankung (Jod ist ein Bestandteil des Schilddrüsenhormons). Tritt Besserung ein, kann nach einer Pause von 1 Woche die Behandlung wiederholt werden.

● **Bach-Blüten**

Reagiert Ihre Katze	dann geben Sie
mit Ruhelosigkeit und nervöser Abmagerung	Impatiens
mit einem Erschöpfungszustand	Olive

● **Komplexmittel**

Sie verbessern den Zustand durch die Gabe von 3mal täglich 5 - 10 Tropfen Lymphomyosot.

5

Zur Dosierung aller Heilmittel → vordere Umschlagseite.

Wann zum Therapeuten?

Ein Therapeut muß immer beratend zur Seite stehen.

Welche Therapiemaßnahmen beim Therapeuten?

Durch Tasten wird er die Vergrößerung der Schilddrüse feststellen. Durch eine spezielle Blutuntersuchung kann die Konzentration des Schilddrüsenhormons ermittelt werden.
Spricht eine naturheilkundliche Behandlung nicht an, sollte eine allopathische Behandlung mit einem hormonsenkenden Mittel versucht werden. Auch der operative Eingriff ist eine vielversprechende Behandlungsmethode.

Vor- und Nachsorge

Die kranke Katze braucht besondere Pflege, Fürsorge und Betreuung. Eine gute medizinische Versorgung und eine Behandlung nach Anweisung des Therapeuten erhöhen die Heilungsaussichten.

Entzündung der Bauchspeicheldrüse

Die Bauchspeicheldrüse (Pankreas) produziert Verdauungsenzyme, mit deren Hilfe Eiweiß, Fette und Kohlenhydrate gespalten und für den Körper verwertbar gemacht werden. Im sog. Inselapparat wird das Hormon Insulin hergestellt, das für die Regulierung des Blutzuckerspiegels verantwortlich ist. Die Entzündung der Bauchspeicheldrüse (Pankreatitis) kommt bei der Katze relativ selten vor. Neben der akuten Form, die aufgrund relativ un-

spezifischer Symptome meist unerkannt abläuft, ist v. a. die chronische Pankreatitis von Bedeutung.

Krankheitsbild

Eine akute Entzündung der Bauchspeicheldrüse zeigt sich durch Allgemeinsymptome wie Erbrechen oder Durchfall, aufgrund der Schmerzen ist der Bauch verspannt.
Hält der entzündliche Zustand länger an und wird keine Behandlung eingeleitet, bildet sich eine chronische Pankreatitis aus.
Die Katze zeigt anfänglich einen ungewöhnlich großen Appetit, im fortgeschrittenen Stadium leidet sie dann an Appetitmangel, allgemeiner Schwäche und Abmagerung. Die Verdauung ist gestört, was sich in Durchfall, manchmal auch Verstopfung, Blähungen und Erbrechen äußert. Bemerkenswert sind die fettigen, glänzenden, hellgrauen Stühle, die häufig abgesetzt werden und deren Volumen überreichlich bis massenhaft ist. Durch den großen Durst trinken die Tiere oft (ein für Katzen untypisches Verhalten!) und setzen häufig Harn ab.

Ursachen

Die Ursache der Pankreatitis ist nicht endgültig geklärt, aber man nimmt an, daß vom Darm aufsteigende Keime in der Bauchspeicheldrüse eine Entzündung auslösen.

Selbstmaßnahmen

Wichtig: Die Behandlung muß ein Therapeut durchführen, die angegebenen Mittel können zusätzlich eingesetzt werden.

● Homöopathische Einzelmittel

Magert die Katze ab, obwohl sie sehr verfressen ist, und ist der Kot schaumig-fettig, dann ist Jodum

C30 das richtige Mittel. Geben Sie dem Tier 5 Tage lang 2mal täglich 5 Globuli, dann nur noch 1mal täglich über die nächsten 10 Tage. Auch Jodum D12 können Sie verabreichen.

Eine Variante nach Wolff ist die Behandlung der kranken Katze mit Haronga D4 und Iris versicolor D6, jeweils 3 Globuli 3mal täglich vor den Mahlzeiten über längere Zeit.

Hat die Katze einen lehmfarbenen bis gelb-weich-pastösen Stuhl, läßt häufig Wasser und im sehr dunklen Urin befindet sich Zucker, dann verabreichen Sie ihr 2mal täglich für 2 - 3 Wochen 5 Globuli von Chionanthus D12.

Die Nosode Pancreatinum C30, 1mal täglich 1 Woche lang gegeben, kann mit anderen Mitteln gut kombiniert werden.

● **Bach–Blüten**

Reagiert Ihre Katze   dann geben Sie
mit einem
unruhigen Verhalten .... Agrimony
mit einem Nachlassen
der Körperkräfte .... Gentian
mit einer großen Ermüdung
und Erschöpfung .... Olive

● **Komplexmittel**
Bei einer chronischen Bauchspeicheldrüsenerkrankung ist Leptandra comp. das Hauptmittel. Je nach Krankheitszustand, wenn noch andere Organe betroffen sind, kann Leptandra kombiniert werden mit:
– Bryaconeel, wenn zusätzlich eine Entzündung des Bauchfells mit Leberschwellung vorliegt
– Chelidonium-Homaccord bei Leber-, Gallestörungen
– Spascupreel, wenn die Katze Schmerzen in der Bauchhöhle hat
– Duodenoheel bei Abmagerung trotz Heißhungers und Entzündung des Zwölffingerdarms
– Cardiacum-Heel bei Kreislaufbeschwerden.

Zur Dosierung aller Heilmittel → vordere Umschlagseite.

Wann zum Therapeuten?

Wenn Sie deutliche Krankheitssymptome wie großkalibrige, helle Stühle und übermäßiges Trinken beobachten, sollten Sie einen Therapeuten konsultieren, der die Diagnose durch eine gezielte Untersuchung sichert.

Welche Therapiemaßnahmen beim Therapeuten?

Bei einer akuten Erkrankung kann vorübergehender Nahrungsentzug mit anschließenden diätetischen Maßnahmen eine Beruhigung der Entzündung bringen. In dieser Zeit wird der Tierarzt die Katze über Infusionen ernähren.

Stuhl-, Harn- und Blutuntersuchung, eine spezielle Diät sowie die naturheilkundliche Behandlung werden Aufschluß über den Schweregrad der Erkrankung und die mögliche Regeneration der Bauchspeicheldrüse geben.

Ist auch der Inselapparat geschädigt, wird noch eine zusätzliche Behandlung gegen Zuckerkrankheit erforderlich sein.

Vor- und Nachsorge

Bei älteren und gut genährten Katzen sollten Sie gelegentlich die Stuhlbeschaffenheit kontrollieren und darauf achten, wieviel die Katze trinkt.

Eine Katze mit einer chronischen Pankreatitis benötigt wegen der erheblich gestörten Verdauung eine spezielle Ernährung. Sie können dafür im Handel erhältliche Diäten anwenden. Bereiten Sie das Futter selbst zu, können Sie durch Zugabe von in der Apotheke erhältlichen Pulvern, die die Nährstoffe aufspalten, die Bauchspeicheldrüse entlasten.

5

Erkrankungen des Bewegungs-
apparates und der Nerven

Der Drang zur Bewegung ist typisch für Katzen. Im Spiel, beim Laufen, Klettern oder beim Anschleichen an Beute wird das Zusammenspiel aller Muskeln, Sehnen, Knochen und Gelenke trainiert. Die dabei aufgenommenen Reize werden über die Nervenbahnen an das Gehirn weitergeleitet, wo die Eindrücke verarbeitet und in entsprechende Reaktionen umgesetzt werden.
Verletzung oder Schädigung eines dieser Organe bedeuten für die Katzen erhebliche Einschränkungen.

Verletzungen des Bewegungsapparates

Werden Gelenke, Bänder und Muskeln überdehnt und über den normalen Spannungstonus hinaus beansprucht, entsteht eine Zerrung (Distorsion), im schlimmsten Fall ein Faserriß. Wird jedoch ein Gelenk so überdehnt, daß die Gelenkflächen auseinanderweichen und die Gelenkkapsel, Muskeln und Sehnen sowie Gefäße zerreißen, spricht man von einer Verrenkung (Luxation). Stumpfe Gewalteinwirkungen auf Muskeln und Gewebe bezeichnet man als Prellung, in deren Folge sich eine örtliche Umfangsvermehrung mit schmerzhafter Schwellung einstellt.

Krankheitsbild

Je nach Grad der Reizung und Schmerzen lahmt die Katze mehr oder weniger stark. Das betroffene Bein wird geschont oder im Extremfall nicht belastet. Das erkrankte Gelenk bzw. der verletzte Bereich ist in der Regel geschwollen, der entzündete Bereich kann sich warm anfühlen.

Ursachen

Die häufigste Ursache für eine solche Verletzung ist z.B. ein Sprung aus dem Fenster, ein Autounfall oder eine Gewalteinwirkung durch einen Schlag oder Stock.

Selbstmaßnahmen

Bringen Sie bei einer akuten Verletzung die Katze an einen ruhigen Ort und decken Sie sie zu. Untersuchen Sie dann die Katze kurz auf andere Verletzungen wie Schnittwunden oder Blutungen. Zu deren Versorgung → Seite 110, 114.

● **Homöopathische Einzelmittel**
Bei jeder Art von Verletzung ist Arnica D12 angebracht. Verabreichen Sie zunächst alle $1/2$ Stunde 5 Globuli, am besten in Wasser aufgelöst, direkt ins Maul; bei eintretender Besserung dehnen Sie die Intervalle aus. Ab dem 2. Krankheitstag geben Sie Arnica im Wechsel mit Rhus toxicodendron D12, 5 Globuli alle 2 Stunden für 4 Tage, anschließend nur noch Rhus toxicodendron 2- bis 3mal täglich bis zur Heilung.

● **Bach–Blüten**
Im Falle einer Verletzung, eines Unfalls oder Schocks verabreichen Sie Rescue Remedy.
Zur Dosierung → vordere Umschlagseite.

● **Komplexmittel**

In den ersten Tagen geben Sie 1 Traumeel-Tablette 3- bis 6mal am Tag, sobald Besserung eintritt, reduzieren Sie die Dosis allmählich.

Wann zum Therapeuten?

Bei einer schweren Verletzung sollte der Therapeut um Rat gefragt werden.

Welche Therapiemaßnahmen beim Therapeuten?

Schmerzlindernde Injektionen an den ersten Tagen beschleunigen den Heilungsprozeß. Außerdem kann ein Verband Entlastung bringen.

Vor- und Nachsorge

Da sich Verletzungen immer wieder ereignen, ist eine der wichtigsten Vorsorge-Maßnahmen, Arnica D12 und Rescue Remedy vorrätig zu haben.

Gelenkentzündung

Entzündliche Prozesse im Gelenk, die akut oder chronisch auftreten, bezeichnet man als Arthritis, während eine Arthrose eine chronische degenerative Erkrankung in einem Gelenk ist. Arthrosen kommen bei der Katze sehr selten vor und werden nur über eine Röntgenaufnahme sicher erkannt.

Krankheitsbild

Die akute Gelenkentzündung betrifft in der Regel nur ein Gelenk und ist durch vermehrte Wärme, entzündliche Schwellung und Schmerzhaftigkeit gekennzeichnet. Die Katzen entlasten das erkrankte Bein und vermeiden es, sich zu bewegen.

Bei der chronischen Arthritis ist besonders die Lahmheit auffällig, während Schmerzreaktionen und Schwellungen fehlen können.

Ursachen

Entzündungen im Gelenk können durch Verletzungen, mit oder ohne Eröffnung des Gelenkes, verursacht werden. Auch ein infektiöses Geschehen im Körper kann sich auf die Gelenke niederschlagen.

Selbstmaßnahmen

Ist eine Verletzung die Ursache für die Entzündung, verabreichen Sie zuerst Arnica D12, wie auf Seite 80 beschrieben.
Ein Umschlag mit Essig, mit Wasser im Verhältnis 1:4 verdünnt, oder das äußerliche Auftragen einer Acetat-Mischung (in der Apotheke erhältlich) lassen die Entzündung schneller abklingen und fördern die Heilung.

● **Homöopathische Einzelmittel**

Heiße Gelenke behandeln Sie mit einer Kombination aus Bryonia D12 und Rhus toxicodendron D12, alle 2 Stunden im Wechsel gegeben; sobald Besserung eintritt, reduzieren Sie auf 2mal am Tag und behandeln so bis zur Heilung.
Bei einer chronischen Gelenkentzündung verabreichen Sie 10–14 Tage lang entweder Bryonia D12, wenn sich alles in Bewegung verschlechtert, oder Rhus toxicodendron D12, wenn Bewegung Besserung bringt.

● **Bach-Blüten**

Reagiert Ihre Katze	dann geben Sie
mit Symptomen nach Unfällen ...	Rescue Remedy
mit einer heftigen Entzündung	Holly
mit großer Unruhe	Agrimony

6

● **Komplexmittel**

Bei allen Arten von Verletzungen geben Sie 3- bis 6mal am Tag 1 Traumeel-Tablette.
Bei Arthrosen wird der Therapeut eine Injektionskur mit Zeel einleiten, die Sie mit Zeel-Tabletten fortsetzen.

Zur Dosierung aller Heilmittel → vordere Umschlagseite.

Wann zum Therapeuten?

Wenn trotz Ihrer Behandlung eine sichtbare Besserung der Gelenkentzündung nicht in 2 – 3 Tagen erfolgt, sollten Sie unbedingt zum Therapeuten gehen.

Welche Therapiemaßnahmen beim Therapeuten?

Sprechen die Naturheilmittel nicht an, wird die Behandlung mit entzündungshemmenden Mitteln beim Tierarzt notwendig werden.

Vor- und Nachsorge

Verletzungen und Unfälle lassen sich schwer vermeiden. Deshalb sollten Sie immer entweder Ringelblume, Arnika, Waldrebe, Springkraut oder Johanniskraut zuhause haben.
Bei erkrankten Gelenken sollten Sie darauf achten, daß sich die Katze nicht zuviel bewegt.

Knochenbruch

Wird ein Knochen über seine Elastizitätsgrenze belastet, kommt es zum Bruch (Fraktur). Besonders häufig betroffen sind der Unterkiefer, die Gliedmaßen, das Becken sowie die Rippen. Bei Katzen heilen Knochenbrüche in der Regel gut, so daß eine Operation eher die Ausnahme darstellt.
Bei einem geschlossenen Bruch ist die Haut nicht verletzt, ein offener Knochenbruch liegt vor, wenn die Frakturenden offen in der Wunde zu Tage treten.

Krankheitsbild

Wichtig: Frakturen sind äußerst schmerzhaft und verlangen ein behutsames und vorsichtiges Umgehen mit der verletzten Katze.

Symptome wie die abnormale Stellung eines Beins, hervortretende Knochenenden, die umfangreiche Schwellung des umliegenden Gewebes oder die Vorgeschichte (Unfall!) deuten auf einen Knochenbruch hin. Auch reibende oder krachende Geräusche (sog. Krepitationen) bei der Untersuchung sichern ebenfalls die Diagnose.

Ursachen

Die häufigsten Ursachen sind Unfälle mit Autos oder landwirtschaftlichen Fahrzeugen sowie ein Sturz aus dem Fenster oder vom Balkon.

Selbstmaßnahmen

Die Naturheilmittel werden zusätzlich zu den tierärztlichen Maßnahmen eingesetzt.

● **Homöopathische Einzelmittel**

Nach jeder Verletzung geben Sie als erstes Mittel Arnica D12.
Um die Kallusbildung (→ Seite 122) anzuregen, werden Symphytum D2 (4mal 5 Globuli) und Calcium phosphoricum D8 (morgens und abends jeweils 5 Globuli) eingesetzt. Beide Mittel werden täglich gegeben, bis der vollständige Heilungsprozeß abgeschlossen ist.

● **Bach-Blüten**

Bei einem Knochenbruch verabreichen Sie Rescue Remedy.

● **Komplexmittel**

Geben Sie der Katze an den ersten Tagen 3- bis 6mal, an den weiteren Tagen 3mal täglich 1 Traumeel-Tablette.

Zur Dosierung aller Heilmittel → vordere Umschlagseite.

Wann zum Therapeuten?

Eine Unfall-Katze mit Knochenbruch gehört unbedingt in tierärztliche Behandlung.

Welche Therapiemaßnahmen beim Therapeuten?

Der Tierarzt wird zunächst den Kreislauf stabilisieren und den Schockzustand abfangen. Anschließend wird er die narkotisierte Katze röntgen, um die Behandlungsmethode abzuklären.
Bei der konservativen Versorgung werden die Frakturenden wieder in die richtige Stellung gebracht und mit Schiene und einem Verband fixiert. Eine andere Möglichkeit ist ein Gipsverband, den die Katzen aber oft nicht dulden.
Die chirurgische Behandlung wird bei komplizierten Brüchen notwendig. Auch Frakturen an Oberarm und Oberschenkel werden besser chirurgisch versorgt, da sie starken Belastungen ausgesetzt sind. Zum Fixieren der Knochen in der richtigen Lage werden Schrauben, Nägel, Metallplatten und Drahtschlingen verwendet, die nach Abschluß der Heilung wieder entfernt werden.
Regelmäßiger Verbandwechsel gehört zur Nachsorgebehandlung beim Tierarzt. Injektionen zum Knochenaufbau sowie abschwellende Mittel können unterstützend verabreicht werden. Manchmal kann bei infizierten Wunden der Einsatz von Antibiotika erforderlich werden.

Wichtig: Ist ein Bein »total zerquetscht« oder abgestorben, was bei länger zurückliegenden Verletzungen vorkommt, dann hilft nur noch die Amputation des Beines. Katzen kompensieren den Verlust eines Beines schnell und können sogar mit drei Beinen wieder eine Leiter hochklettern.

Vor- und Nachsorge

Die Nachsorge wird nach Anweisung des Therapeuten durchgeführt.
Bei ganz unruhigen Katzen sind manchmal Zwangsmaßnahmen notwendig wie das Anlegen einer Halskrause (→ Seite 115) oder das Einsperren in einen Käfig.
Gelegentlich verletzen sich Katzen so schwer, daß sie z.B. zwei Beine gebrochen oder einen komplizierten Beckenbruch haben. In diesem Fall können Sie dem Tier viel Leid ersparen, wenn Sie es vom Tierarzt einschläfern lassen.

Lähmungen

6

Die Quetschung eines Nervs führt dazu, daß das von dem Nerv versorgte Gebiet unempfindlich, taub und gefühllos wird. Eine besondere Form der Quetschung ist die Lähmung eines Vorderfußes oder die als »Kippfenstersyndrom« bekannte Lähmung der Hintergliedmaßen.

Krankheitsbild

Ist ein Vorderfuß gelähmt, dann schleift die Katze diesen Fuß nach, er hängt wie locker am Körper und ist ohne Spannung und Kraft.

Ist die Katze in einem gekippten Fenster hängengeblieben und hat sich durch die gewaltigen Befreiungsversuche die Nerven abgequetscht, kann sie querschnittgelähmt sein. Sie kann sich nicht mehr aufrichten und schleift beide Hinterbeine (selten ist nur ein Bein betroffen) hinter sich her. Aufgrund der Nervenschädigung zeigt sie weder Empfindungen noch Schmerzreaktionen.

Ursachen

Lähmungen sind meist die Folge von Unfällen und Verletzungen.

Selbstmaßnahmen

Zärtliche Fürsorge und Ruhe tun jeder gelähmten Katze gut.

● Homöopathische Einzelmittel
Am 1. Tag der Verletzung verabreichen Sie alle 2 Stunden 5 Globuli Arnica D12 entweder direkt ins Maul oder 20 Globuli in Wasser aufgelöst über den Tag verteilt; Sie können aber auch eine höhere Potenz wählen, etwa C30 4mal am 1. Tag.
Ab dem 2. Tag geben Sie Hypericum D12 im Wechsel mit Arnica D12. Dabei erhält die gelähmte Katze 1 Woche lang täglich 3mal Arnica D12 und 3mal Hypericum D12 (alle 2 Stunden). Nach 1 Woche geben Sie nur noch Hypericum D12, 2mal täglich, bis zur Heilung.

● Bach-Blüten
Bei einer Verletzung sind Rescue Remedy und Star of Bethlehem die richtigen Blüten.
Zur Dosierung → vordere Umschlagseite.

● Komplexmittel
Geben Sie der Katze in der 1. Woche 4- bis 6mal am Tag 1 Traumeel-Tablette, ab der 2. Woche 3 Tabletten am Tag.

Wann zum Therapeuten?

Nach einem schweren Unfall oder bei unklarem Krankheitsbild (z.B. inneren Verletzungen) müssen Sie das Kätzchen zum Tierarzt bringen. Zum Transport → Seite 110.
Zeigen die Selbstmaßnahmen nach 4 – 5 Tagen keinen Erfolg, sollten Sie ebenfalls einen Therapeuten aufsuchen.

Welche Therapiemaßnahmen beim Therapeuten?

Zuerst wird der Therapeut den Schock beheben, den Kreislauf stabilisieren und einen evtl. aufgetretenen Flüssigkeitsverlust mit einer Infusion ausgleichen. Mit Vitamin B wird die Regeneration der Nerven beschleunigt.
Auch eine Röntgenaufnahme der Wirbelsäule bzw. der Gliedmaßen kann nötig sein, um die Heilungsaussichten abklären zu können.

Vor- und Nachsorge

Geschädigte Nervenzellen und Nervenbahnen können sich wieder erholen, so daß eine Behandlung keinesfalls aussichtslos ist. Geduld und Ausdauer sowie Ruhe, Wärme und zärtliche Fürsorge sind allerdings Voraussetzung. Dafür werden Sie von einer wiedergenesenen Katze auch reichlich belohnt.

Störungen des Mineralstoffwechsels

Störungen des Mineralstoffwechsels kommen bei der Katze gelegentlich vor. Sie führen zu ungenügendem Aufbau der Knochensubstanz. Betroffen sind junge Tiere im Wachstumsalter (Rachitis) oder ältere Katzen (Osteomalazie).

Krankheitsbild

Ohne ersichtlichen Grund lahmt die Katze. Junge Tiere zeigen zusätzlich manchmal Knochenzubildungen an den großen Röhrenknochen (z. B. Oberschenkel), Wachstumsrückstand gegenüber Gleichaltrigen oder »rosenkranzähnliche« Knochenauftreibungen an den Rippen. Im Extremfall kann es auch zu Verkrüppelung von Gliedmaßen kommen.

Ursachen

Ursachen für Erkrankungen im Mineralstoffwechsel können falsche Ernährung, Unterversorgung mit Mineralien oder Vitamin D, zuwenig Sonnenlicht sowie hormonelle Störungen sein.
Manche Katzen sind von ihrer Konstitution eher von Rachitis betroffen, so daß das richtige Konstitutionsmittel das Problem bereits löst.

Selbstmaßnahmen

● **Homöopathische Einzelmittel**
Wachstumsstörungen bei jungen Katzen werden mit Calcium phosphoricum D12 gelöst, das Sie 2 – 3 Wochen lang verabreichen.
Älteren Katzen, die etwas behäbig werden, geben Sie über 14 Tage Calcium carbonicum D12 oder über 7 Tage Calcium carbonicum C30, um eine tiefere Heilung einzuleiten. Zeigt sich keine Besserung, dann geben Sie nach einer Pause von 14 Tagen 3 Wochen Calcium phosphoricum D12.

● **Bach-Blüten**
Reagiert Ihre Katze mit einer verzögerten Entwicklung, hilft Chestnut Bud.

● **Komplexmittel**
Verabreichen Sie der Katze über 2 – 3 Wochen 2mal täglich je 1 Tablette Calcoheel und Osteoheel im Wechsel.

Zur Dosierung aller Heilmittel → vordere Umschlagseite.

Wann zum Therapeuten?

Bessert sich der Krankheitszustand nicht, sollten Sie einen Therapeuten konsultieren.

Welche Therapiemaßnahmen beim Therapeuten?

Für eine gezielte Behandlung wird der Therapeut durch eine Blutuntersuchung die Mineralzusammensetzung bestimmen.
Notwendige Maßnahmen zur Heilung werden die Verabreichung von Calcium/Phosphor sowie von Vitamin D sein.

Vor- und Nachsorge

Zu einseitige Ernährung mit Fleisch kann bei jungen Katzen zu einer Mineralstofferkrankung führen. Eine Umstellung auf altersgerechte Ernährung (→ Seite 12), d. h. weniger Fleisch, dafür mehr Gemüse, Milchprodukte und Trockenfutter, ist notwendig. Ideal sind auch die kommerziell angebotenen Nahrungsmittel, da sie eine ausgewogene Zusammensetzung von Nähr- und Mineralstoffen bieten.
Anfälligen bzw. erkrankten Tieren sollte man Mineralien und Vitamin D zufüttern.

Wichtig: An Rachitis erkrankte Jungtiere sollten nur mit Vorbehalt – wenn überhaupt – in der Zucht eingesetzt werden, da sie die Anlage weitervererben.

Rasse Dispositionen

Vermehrte Anfälligkeit für Rachitis wird bei Siamesen beobachtet.

6

Erkrankungen durch Parasiten

Parasiten sind Schmarotzer, die auf oder in einem Wirt leben und sich dort vermehren. Sie schädigen den Wirt, indem sie ihm Blut und lebenswichtige Nährstoffe entziehen und durch ihre Ausscheidungsprodukte Entzündungen verursachen.

Leben die Parasiten auf oder in der Haut, bezeichnet man sie als Ektoparasiten (z.B. Flöhe, Milben, Zecken), schmarotzen sie im Körper, spricht man von Endoparasiten. Eine eigene Gruppe der Endoparasiten stellen die sog. Enteroparasiten (Spulwürmer, Magenwürmer, Bandwürmer) dar, die im Magen-Darmtrakt schmarotzen und durch den Entzug wichtiger Nährstoffe die Katze so schädigen, daß sie anfälliger für andere Krankheiten wie Leukose oder Katzenschnupfen wird.

Flöhe

Flöhe sind seitlich abgeplattete Parasiten im Fell der Katze. Die Weibchen beginnen kurz nach ihrer ersten Blutmahlzeit mit der Ablage der Eier, der Entwicklungszyklus vom Ei zum Floh dauert bei günstigen Bedingungen etwa 3 Wochen, in »schlechten Zeiten« bis zu einem Jahr.

Der Höhepunkt der Flohpopulation ist im Spätsommer und Frühherbst.

Krankheitsbild

Die Katze kratzt sich dauernd. Im Fell sieht man dunkle Kotkrümel, manchmal sogar, besonders bei stärkerem Befall, erwachsene Flöhe. Die stark juckenden Einstichstellen, die oft in sog. Flohstraßen (ein Stich nach dem anderen) angeordnet sind, können sich zu Entzündungsherden ausdehnen. Das ständige Kratzen an den juckenden Stellen kann zu Haarausfall führen.

Werden Katzen immer wieder von Flöhen befallen, reagieren sie überempfindlich, und es kann sich ein allergisches Flohekzem (miliare Dermatitis) ausbilden.

Starker Flohbefall führt bei jungen Kätzchen zu Abmagerung, Hautentzündungen und Anämie.

Wichtig: Da Flöhe die Zwischenwirte für Bandwürmer sind, sollten Sie immer auch eine mögliche Verwurmung mit in Betracht ziehen.

Ursachen

Beim direkten Kontakt mit Artgenossen, seltener anderer Tieren, steckt sich die Katze mit Katzenflöhen (Ctenocephalides felis) an; auch Flöhe von anderen Tierarten (z. B Hund, Igel) befallen Katzen.

Selbstmaßnahmen

Regelmäßige Pflege des Fells (Kämmen, Bürsten) und das Einbringen von Duftölen in das Haarkleid können den Flöhen das Parasitieren verleiden.

● **Homöopathische Einzelmittel**
Meist befallen Parasiten immer wieder die gleichen Individuen. In diesem Fall ist es sinnvoll, den Organismus durch eine homöopathische Behandlung umzustimmen, so daß Flöhe die Tiere meiden: Geben Sie Sulfur C30, jeden 5. Tag 5 Globuli über 4 Wochen, v. a. zu Zeiten, wo die Flöhe besonders aktiv sind; nach einer Pause von 10–14 Tagen können Sie eine »Wiederholungskur« ansetzen.

● **Bach-Blüten**

Die Reinigungsblüte ist Crab Apple. Neben der inneren Umstimmung können Sie Crab Apple auch als Badezusatz verwenden; dazu geben Sie 10 Tropfen aus der Einnahmeflasche auf $^1/_2$ l Wasser.

Wann zum Therapeuten?

Bei starkem Flohbefall sollten Sie auf jeden Fall zum Tierarzt gehen.

Welche Therapiemaßnahmen beim Therapeuten?

Das Gespräch beim Tierarzt dient der Aufklärung und der Auswahl des richtigen Mittels.
Verschiedene Behandlungsmöglichkeiten wie Pudern, Shamponieren, Halsbänder (Ungezieferhalsband), Auftragen von Flüssigkeiten, Waschungen und Tabletten stehen zur Auswahl.

Wichtig: Bei Perserkatzen darf man keine Halsbänder mit dem Wirkstoff Dichlorvos verwenden, da sie überempfindlich reagieren.

Vor- und Nachsorge

Bei starkem Infektionsdruck von Flöhen bekommt die Katze Sulfur C30 (→ Selbstmaßnahmen).
Floh-Halsbänder sind eine gute vorbeugende Maßnahme, man sollte aber auf die Verträglichkeit achten. Manche Katzen reagieren allergisch, dann muß eine andere Behandlungsart gewählt werden. Reinigen Sie gründlich alle Plätze und Gegenstände, die Floheier und -larven beherbergen könnten, mit einem speziellen Ungeziefermittel. Wiederholungsbehandlungen sind wegen der unterschiedlichen Entwicklungsstadien unbedingt einzuhalten. Kontrollieren Sie außerdem das Tier und den Schlafplatz über Wochen, um sicher zu sein, daß Ihre Parasitenbekämpfung Erfolg hatte.

Milben

Milben sind winzig kleine, nur unter dem Mikroskop sichtbare Parasiten. Wie die Spinnen besitzen sie vier Beinpaare. Die von Milben hervorgerufenen Erkrankungen faßt man unter dem Begriff Räude zusammen.
Die Entwicklung vom Ei bis zur ausgewachsenen Milbe vollzieht sich über ein Larven- und zwei Nymphenstadien und dauert bei den Sarcoptes-Arten unter günstigen Bedingungen 10–14 Tage, bei der Ohrmilbe und bei Notoedres cati 21 Tage.
Milben leben auf oder in der Haut (in Bohrgängen), sie ernähren sich von Körperflüssigkeiten und abgestorbenen Zellen.

Krankheitsbild und Ursachen

A) Ohrräude (Otitis externa parasitarica) durch die Ohrmilbe (Otodectes cynotis): Die Milben verursachen im Gehörgang eine starke Entzündung und Reizung (→ Seite 38).
B) Räude durch Grabmilben (Sarcoptes-Arten, Notoedres cati): Kennzeichen ist eine starke Bildung von Schuppen, Krusten und Borken, die am Kopf und den Ohren beginnt und sich über den ganzen Körper verteilen kann. Der ständige Juckreiz läßt die Katzen nicht zur Ruhe kommen. Zusätzlich können bakterielle oder allergische Reaktionen den Verlauf der Krankheit komplizieren.
C) Herbstgrasmilbe (Neotrombicula autumnalis): Nach einem Spaziergang im Herbst fängt die Katze an, sich furchtbar zu kratzen; v.a. an den wenig behaarten Stellen von Ohrmuscheln, Zehenzwischenräumen, Bauch, Schenkelinnenseiten, Geschlechtsorganen und an der Vorderbrust erkennt man kleine leuchtendrote Pünktchen – Larven der Herbstgrasmilbe. Da die Milben oft massenhaft auftreten, leiden die Tiere unter einem starken Juckreiz, und es kommt zu einer heftigen Entzündung der Haut (Dermatitis).

Selbstmaßnahmen

A) Zu Selbstmaßnahmen bei Ohrräude → Seite 38.

B) und C) Stark betroffene Stellen betupfen Sie mit einer 10%igen Calendula-Lösung.

● Homöopathische Einzelmittel

Zur Behandlung sowohl der Grabmilben als auch der Herbstgrasmilben verabreichen Sie Sulfur D12 über 2 – 3 Wochen, nach einer Pause können Sie die Behandlung wiederholen.

● Bach-Blüten

Bei den Krankheitsbildern B) und C) geben Sie die Reinigungsblüte Crab Apple zur innerlichen und äußerlichen Behandlung (→ Flöhe, Seite 87).

● Komplexmittel

Schwef-Heel, 2mal täglich 5 Tropfen, geben Sie entweder direkt mit einer Einmalspritze ins Maul oder über das Trinkwasser.

Zur Dosierung aller Heilmittel → vordere Umschlagseite.

Wann zum Therapeuten?

Zeigt Ihre Räudebehandlung nach 1 – 2 Wochen keinen sichtbaren Erfolg, sollten Sie einen Therapeuten konsultieren.

Welche Therapiemaßnahmen beim Therapeuten?

A) Zur Ohrräude → Seite 39.
B) und C) Der Therapeut wird zunächst ein Hautgeschabsel auf Milben untersuchen.
Bei geringem Befall wird eine lokale Behandlung mit einem gängigen Räudemittel ausreichen. Da sich viele Katzen gegen Baden wehren, sind Spray- oder Puder-Behandlungen vorzuziehen.

Bei starkem Milbenbefall mit heftigem Juckreiz und Hautveränderungen am ganzen Körper (auch im Augenbereich) wird nur eine zusätzliche Injektionsbehandlung vom Tierarzt Erfolg bringen.

Vor- und Nachsorge

Ist Ihre Katze oft und lange unterwegs, sollten Sie das Tier immer wieder auf parasitäre Erkrankungen hin untersuchen.
Bei vermehrter Anfälligkeit werden Sulfur C30 oder die Bach-Blüte Crab Apple eine konstitutionelle Umstimmung bewirken.
Jede Tierbehandlung muß auch mit einer gründlichen Reinigung aller Gegenstände wie Decken, Kissen oder Körbchen einhergehen.

Wichtig: Falls der Verdacht einer Erkrankung durch Ohr- oder Grabmilben besteht, sollte unverzüglich gezielt behandelt werden. Trennen Sie kranke und gesunde Katzen, da die Räude eine hoch-ansteckende Krankheit ist. Da die Räude auch für den Menschen ansteckend ist, sollten Sie als Katzenhalter besondere Vorsicht und Hygiene walten lassen.

Zecken

Die Entwicklung der Zecken dauert vom Ei bis zur ausgewachsenen Zecke 2 – 3 Jahre. Dazu benötigen sowohl die Larvenstadien als auch die erwachsenen Zecken eine Blutmahlzeit.
Die Haupt-Befallszeiten sind im Frühjahr und in den Monaten August und September. Erwachsene Zeckenweibchen sitzen vorwiegend an Kopf, Hals und im Nacken der Katze, während die Larvenstadien die weniger behaarten Stellen an den Ohrrändern, Augenlidern, um den Mund und zwischen den Zehen bevorzugen.

Krankheitsbild

Ein geringer Befall mit Zecken löst bei der Katze höchstens eine örtliche Entzündung aus, die in der Regel nach ein paar Tagen wieder abheilt.
Stärkerer Befall äußert sich in vermehrtem Juckreiz und örtlichen Entzündungsreaktionen, wobei an der Einstichstelle durch eine zusätzliche bakterielle Infektion Eiter entstehen kann.

Ursachen

Die häufigste Zecke bei den Katzen ist der Gemeine Holzbock (Ixodes ricinus). Daneben können Katzen (allerdings selten) auch von der Igel- oder Fuchszecke befallen werden.

Wichtig: Beim Menschen kann durch den Biß einer infizierten Zecke ein Virus übertragen werden, das Hirnhautentzündung hervorruft. Außerdem kann, wenn man beim Herausdrehen die Zecke direkt mit den Fingern berührt, Borreliose (→ Seite 122) übertragen werden.

Selbstmaßnahmen

Mit einer Zeckenzange (erhältlich beim Tierarzt oder in der Zoohandlung) können Sie eine Zecke gut entfernen. Man klinkt die Zange zwischen Kopf und Körper ein, dreht 2mal herum und hebt die Zecke ab.
Eine weitere bewährte Methode ist, die Zecke mit ein paar Tropfen hochprozentigem Alkohol zu lähmen; nach ein paar Minuten kann man die Zecke problemlos entfernen. Achten Sie darauf, daß Sie den Parasiten nicht direkt berühren (wegen Borreliose-Gefahr!), sondern mit einem Papiertuch oder Handschuh beseitigen.
Bei den anderen Entfernungsmöglichkeiten (herausdrehen, mit Öl ersticken) besteht die Gefahr, daß die Zecke Sekret abgibt, was zu einer örtlichen Entzündung führt.

● **Homöopathische Einzelmittel**
Bei einem lokalen Entzündungsgeschehen mit Eiterung wird Silicea D12, über 7 Tage gegeben, eine schnelle Beruhigung bringen.

● **Bach–Blüten**
Zur inneren und äußeren Reinigung dient Crab Apple. Zur Behandlung → Seite 87.

● **Komplexmittel**
Auf äußerliche Entzündungsherde tragen Sie am besten Traumeel-Salbe oder Rescue-Creme auf.

Zur Dosierung aller Heilmittel → vordere Umschlagseite.

Wann zum Therapeuten?

Sitzt die Zecke an einer exponierten Stelle (Lider, Lidrand), kann der Tierarzt den Parasiten nur in Narkose entfernen.

Vor- und Nachsorge

Zecken sind in der Regel bei Katzen kein großes Problem. In kritischen Monaten sollten stark befallene Tiere ein Zecken-Halsband tragen. Schnelles und sachgemäßes Entfernen der Parasiten ist die wichtigste Maßnahme.

Bandwürmer

7

Bandwürmer bestehen aus dem Kopf und einer langen Kette von Gliedern, den sog. Proglottiden. Sie parasitieren im Dünndarm. Zur Weiterentwicklung der Larvenstadien, auch Finnen genannt, sind Zwischenwirte nötig. Frißt die Katze als Endwirt ein infiziertes Tier, werden die Finnen frei und reifen im Katzendarm zu den Bandwürmern heran.

Krankheitsbild

Ein Bandwurmbefall verursacht bei Katzen keine bis geringe Krankheitszeichen.

Bei Jungtieren können jedoch deutlichere Krankheitssymptome auftreten wie struppiges Fell, Appetitlosigkeit und Abmagerung, selten auch Darmentzündung mit Durchfall und Erbrechen.

Von den geschlechtsreifen Bandwürmern werden laufend prall mit Eiern gefüllte Glieder abgestoßen, die am After kleben bleiben und zu Juckreiz führen. Dadurch scheuern sich die Katzen oder sie rutschen gelegentlich auf der Hinterhand (sog. »Schlittenfahren«).

Ursachen

Für die Katze sind v.a. zwei Bandwurmarten bedeutend: Der Katzenbandwurm (Hydatigera taeniaeformis) und der Hundebandwurm, der sowohl Katze als auch Hund befällt. Zwischenwirte des Katzenbandwurms sind kleine Nager (Ratten, Mäuse), beim Hundebandwurm Flöhe.

Beide Bandwurmarten sind für den Menschen ungefährlich.

Wichtig: In seltenen Fällen kann der fünfgliedrige Fuchsbandwurm über infizierte Mäuse auch einmal die Katze befallen und somit für den Menschen gefährlich werden.

Selbstmaßnahmen

Durch Naturheilmittel töten Sie nicht die Würmer, sondern Sie verändern das Darm-Milieu, so daß die Parasiten von selbst abgehen.

● Homöopathische Einzelmittel

China D12 wird über 10 Tage verabreicht. Außerdem sollten Sie nach jeder Wurmbehandlung zur Darmsanierung 2 Gaben von Calcium carbonicum C30 im Abstand von 7 Tagen geben.

● Bach-Blüten

Zur inneren Reinigung dient Crab Apple. Zur Dosierung → vordere Umschlagseite.

Wann zum Therapeuten?

Wenn sich deutliche Krankheitszeichen einstellen und ein massiverer Wurmbefall zu befürchten ist, sollte ein Therapeut zu Rate gezogen werden.

Welche Therapiemaßnahmen beim Therapeuten?

Eine Kotuntersuchung wird Aufschluß über den Grad der Verwurmung und die Wurmart bringen. Bei deutlichen Krankheitszeichen oder starker Verwurmung wird ein gängiges Breitband-Wurmmittel die Parasiten schnell abtöten.

Vor- und Nachsorge

Zweimal jährlich sollte über eine Kotuntersuchung festgestellt werden, ob eine Wurmkur nötig ist.

Wichtig: Wenn eine Katze Flöhe hat oder Mäuse frißt, muß immer auch mit Bandwürmern gerechnet werden, da Flöhe und Mäuse Überträger dieser Parasiten sind.

Spulwürmer

Spulwürmer sind 5 – 10 cm lange, weiße, wie Spaghetti aussehende Parasiten, die sich im Dünndarm ihres Wirtes vom Nahrungsbrei ernähren. Die Wurmeier und Larven gelangen über Belecken oder Berühren von infiziertem Kot sowie durch Verzehr von Mäusen, Vögeln oder rohem Fleisch in den Katzendarm. Ein Teil der Larven entwickelt sich sofort in der Darmwand, der andere Teil wandert über die Leber in die Lunge, wird mit dem Schleim hochgehustet und wieder abgeschluckt, um erst dann im Darm die endgültige Reifung zu vollenden.

Manche kapseln sich im Körper, meist in der Muskulatur, ab, wo sie lange infektionsfähig bleiben. Diese eingekapselten Larven sind insofern von Bedeutung, weil sie bei hochträchtigen Kätzinnen über hormonelle Einflüsse reaktiviert werden und nach der Geburt über die Muttermilch in die Katzenwelpen gelangen.

Krankheitsbild

Bei der Katze sind Spulwürmer weit verbreitet, ohne daß sich auffällige Symptome zeigen.

Ein stärkerer Befall äußert sich mit ungepflegtem Haarkleid, Appetitlosigkeit, Abmagerung, Kümmern sowie Erbrechen und chronischen Durchfällen. Dabei können Würmer über das Erbrochene oder den Kot zu Tage kommen.

In seltenen Fällen treten eine Verstopfung durch massiven Wurmbefall oder eine Organschädigung durch die Wanderlarven (z.B. Bauchfellentzündung, Lungenentzündung) auf.

Bei Welpen kann ein starker Wurmbefall zu Rachitis führen.

Ursachen

Der katzenspezifische Spulwurm ist Toxacara felis. Untersuchungen in Deutschland haben gezeigt, daß 15% bis über 75% der Katzen davon befallen sind.

Toxascaris leonina befällt vorwiegend Hunde, kann aber auch bei der Katze auftreten.

Wichtig: Auch der Mensch kann sich mit Spulwurmeiern oder -larven infizieren; besonders gefährdet sind dabei Kinder, die in Sandkästen spielen, wo Katzen ihren Kot verscharrt haben.

Selbstmaßnahmen

● **Homöopathische Einzelmittel**

Abrotanum D12 wird 10 Tage lang gegeben. Anschließend führt Calcium carbonicum C30, 2mal im Abstand von 1 Woche 5 Globuli verabreicht, zur Umstimmung des Darm-Milieus.

● **Bach-Blüten**

Reagiert Ihre Katze	**dann geben Sie**
mit allgemeiner Schwäche	Olive
mit Parasiten im Darm	Crab Apple

Zur Dosierung → vordere Umschlagseite.

Wann zum Therapeuten?

Bei einem massiven Wurmbefall sollten Sie einen Therapeuten aufsuchen.

Welche Therapiemaßnahmen beim Therapeuten?

Bei starker Verwurmung wird er ein Breitband-Wurmmittel einsetzen, das die Würmer abtötet.

Vor- und Nachsorge

Lassen Sie mindestens 2mal im Jahr den Kot auf Würmer untersuchen (→ Seite 16).

Geben Sie der Katze nur gekochtes Schweinefleisch zum Fressen, denn die Larven können auch über infiziertes rohes Fleisch übertragen werden.

Da die im Körper verkapselten Larven bei der Entwurmung nicht erfaßt werden, müssen Welpen, deren Mutter vermutlich infiziert ist, während der Säugezeit alle 8 – 10 Tage entwurmt werden. Zum Entwurmungsprogramm → Seite 16.

Gründliche Reinigung des Katzenklos und die möglichst rasche Entfernung von frischem Kot sind wirksame Maßnahmen, um die Infektionskette zu durchbrechen.

7

Infektionskrankheiten

Infektionskrankheiten werden u. a. von Viren, Bakterien und Pilzen (Myceten) ausgelöst. Die Übertragung findet direkt durch Kontakt- oder Tröpfchen-Infektion (von Katze auf Katze) oder indirekt über infizierte Gegenstände wie Futternapf, Spielsachen, Decken oder Körbchen statt. Auch an anderen Tieren und am Menschen können sich Katzen anstecken. Nach einer Inkubationszeit (→ Seite 122) entwickelt die kranke Katze erregertypische Symptome.

Gegen Viren hat die Schulmedizin keine spezifische Behandlungsmethode parat, daher kommt v.a. der Homöopathie eine besondere Bedeutung zu. Durch die Mittel wird das Immunsystem gestärkt und der Körper zur Selbstheilung angeregt. Nach einer überstandenen Virusinfektion besteht in der Regel eine dauerhafte Immunität.
Infektionen mit Bakterien treten bei der Katze meist in Folge einer Virusinfektion oder einer anderen Grundkrankheit auf. Seit Entdeckung der Antibiotika hat die Schulmedizin eine gute Waffe gegen Bakterien, die allerdings nur das Bakterium selbst bekämpft. Mit Naturheilmitteln wird die gestörte Lebenskraft (nach Hahnemann) wieder ins Gleichgewicht gebracht, so daß Bakterien keine Chance haben.
Pilze sind weit verbreitet und durch ihre Sporen (→ Seite 123) sehr widerstandsfähig gegen äußere Umwelteinflüsse. In einem günstigen Milieu können sie sich stark vermehren.
Bei Pilzinfektionen (Mykosen) unterscheidet man System-Mykosen und Hautpilz-Erkrankungen:
Die System-Mykosen rufen Erkrankungen von Organsystemen hervor. Dabei sind v.a. der Magen-Darmtrakt, die Atmungsorgane und das Zentral-

nervensystem betroffen. Sie kommen bei der Katze relativ selten vor.
Die Hautpilz-Erkrankungen (Dermatophytosen) kommen bei der Katze häufig vor und sind auch für den Menschen gefährlich.

Katzenschnupfen

Als Folge des Katzenschnupfens tritt häufig ein Nasenkatarrh (Rhinitis) auf, der sich in Schnupfen, Niesen und Nasenausfluß äußert.

Wichtig: Schnupfen kann auch allergische, mechanische und tumoröse Ursachen haben.

Krankheitsbild

Nach einer Inkubationszeit von 1–4 Tagen beginnt das Kätzchen zu niesen und hat dünn-wäßrigen Nasenausfluß; dazu gesellt sich Schnupfen, die Augen entzünden sich und tränen. Das Tier wirkt müde, apathisch, frißt wenig und will in Ruhe gelassen werden.
Ältere und widerstandsfähigere Katzen überwinden normalerweise die Krankheit schnell, können jedoch Ausscheider für die Keime sein und dadurch andere Katzen anstecken.
Jungtiere und geschwächte Tiere erkranken schwer. Dabei kann sich am Auge zusätzlich eine Hornhautentzündung mit Geschwüren entwickeln. Der Rachen- und Maulbereich ist stark entzündet, geschwollen, die Schleimhaut gerötet und durch die überlagerte bakterielle Infektion wund und schmerzhaft. Nach 2–3 Tagen wird der

Nasenausfluß grünlich-weiß, die Nasenöffnungen sind verkrustet und eitrig, aus dem Maul fließt zäher Speichel. Durch das meist hohe Fieber wirkt das kranke Kätzchen apathisch und elend. Steigt der Krankheitsprozeß in die Lunge ab, dann gesellt sich noch eine Lungenentzündung mit Husten dazu.

Ursachen

Katzenschnupfen wird durch verschiedene Viren (z. B. Calici-, Herpes-Viren) verursacht und kann durch eine zusätzliche Infektion mit Bakterien (z.B. Chlamydien) einen komplizierten Verlauf nehmen.

Selbstmaßnahmen

Sind die Augen stark in das Krankheitsgeschehen miteinbezogen, dann ist unbedingt auch eine örtliche Behandlung der Augen durchzuführen (→ Seite 34, Bindehautentzündung).
Verkrustete und verklebte Nasenlöcher tupfen Sie zur Linderung mit einem Wattebausch ab, der mit Kamillentee oder Calendula-Lösung getränkt ist.

● Homöopathische Einzelmittel

Belladonna D12 wird 3- bis 6mal über mehrere Tage gegeben, wenn sich die Krankheit plötzlich entwickelt, hohes Fieber vorherrscht und die Ursache ein Wetterwechsel oder die Ansteckung von einem anderen Tier ist.
Pulsatilla D12 hilft, wenn aus der Nase ein gelblich-grüner Ausfluß kommt, die Katze keinen Durst hat und Stimmungsschwankungen unterliegt.
Allium cepa D6 wird 6mal am Tag verabreicht bei einem »laufenden Schnupfen«, wunden Nasenlöchern, und wenn Besserung im Freien und Verschlechterung im warmen Zimmer auftritt.
Die Katzenschnupfen-Nosode kann zusätzlich mit den anderen Mitteln kombiniert werden. In der Potenz C30 gibt man 7 Tage lang 1 Dosis am Tag

● Bach-Blüten

Reagiert Ihre Katze	dann geben Sie
mit Verunreinigung, Verkrustung der Nase	Crab Apple
mit einer geschwächten Abwehr	Centaury
mit einer Schwächung der Lebenskraft	Hornbeam
mit einer geschwächten Heilungsreaktion	Rescue Remedy

● Komplexmittel

Bei den leichten Verlaufsformen haben sich die Komplexmittel Echinacea comp. und Gripp-Heel bewährt. In den ersten Tagen der Erkrankung muß alle 2 Stunden 1 Dosis verabreicht werden; der Einsatz beider Mittel im Wechsel erhöht die Heilungschancen. Treten Schmerzen auf, wird Traumeel lindernd wirken.
Bessert sich der Zustand, dann reduzieren Sie die täglichen Dosen langsam bis zur vollständigen Gesundung der Katze.

Zur Dosierung aller Heilmittel → vordere Umschlagseite.

Wann zum Therapeuten?

Sind die Tiere apathisch und schwer erkrankt oder stellt sich keine Besserung ein, dann sollte der Therapeut die Katze behandeln.

Welche Therapiemaßnahmen beim Therapeuten?

Zur Abklärung der Krankheit wird der Tierarzt ein Antibiogramm (→ Seite 122) ansetzen oder das Blut untersuchen. Bei schweren Fällen ist eine zusätzliche Behandlung mit Antibiotika oft unumgänglich, um die Bakterien abzutöten, die das infektiöse Geschehen verschlimmern.

8

Vor- und Nachsorge

Katzenschnupfen ist eine weitverbreitete Erkrankung, die auch einmal zum Tode führen kann. Die beste Vorsorge sind regelmäßige Schutzimpfungen (→ Seite 17).

Katzenseuche

Die Katzenseuche (Parvovirose, Katzenstaupe, Panleukopenie) gehört zu den häufigsten Ursachen für das plötzliche Sterben von Jungtieren, v. a. im Alter von 6 Wochen bis 4 Monaten; die Todesrate liegt bei etwa 90 %.

Manchmal ist das Kätzchen am Abend noch gesund und munter und am nächsten Morgen tot. Neben einer Vergiftung kann dies die Folge einer akut verlaufenden Katzenseuche sein.

Krankheitsbild

Bei der akuten Form hat die Katze nach einer kurzen Inkubationszeit (→ Seite 122) heftige Bauchschmerzen und ist sehr berührungsempfindlich, es kommt zu Erbrechen und Durchfall. Das Erbrochene ist gelb-grünlich und zäh. Der Stuhl ist stinkend, dünnflüssig bis wäßrig und kann auch mit Blut oder Schleim durchsetzt sein. Die Schleimhaut des Maules und des Rachens weist entzündliche Areale auf, mitunter auch Blasen und geschwürige Veränderungen.

Apathisch, vor Schmerzen gekrümmt, mit stumpfem und rauhem Haarkleid, verkriecht sich die Katze und liegt viel herum, am liebsten in der Nähe eines warmen Ofens. Der starke Kräfte- und Flüssigkeitsverlust führt schnell zu einem bedrohlichen Zustand. Das Fieber ist hoch, und die Katze nimmt weder Flüssigkeit noch Nahrung auf. Die Augen sind v.a. im fortgeschrittenen Stadium eingefallen, die Bindehaut porzellanfarben, was auf den starken Abfall der weißen Blutkörperchen hinweist (daher auch der Name Panleukopenie). Wenn nicht schnell eine Therapie einsetzt, tritt wegen der organischen Schädigung und wegen des Flüssigkeitsverlustes der Tod ein.

Bei der chronischen Form steht der anhaltende Durchfall im Vordergrund. Bei wechselndem Appetit ist das Haarkleid stumpf und ungepflegt und die Tiere magern ab.

Allgemein kann man sagen, daß sich die schädigende Wirkung der Viren auf den Organismus vorwiegend in einer hochgradigen Entzündung des Magen-Darmtraktes und in der massiven Zerstörung der weißen Blutkörperchen zeigt.

Ursachen

Die Ursache für die Katzenseuche ist das Parvovirus, das sehr widerstandsfähig gegen äußere Umwelteinflüsse (u.a. Kälte, Hitze) ist.

Selbstmaßnahmen

An Katzenseuche erkrankte Katzen bedürfen besonderer Zuwendung und Pflege. Verweigern die Tiere das angebotene Fressen, dann dient dies der äußeren und inneren Ruhe.

Die Zufuhr von Flüssigkeit (Wasser, Tee) läßt sich gut mit der Verabreichung der homöopathischen Mittel kombinieren.

● **Homöopathische Einzelmittel**

Das spezifische Heilmittel ist der wilde Indigo. Verabreichen Sie von Baptisia D6 über mehrere Tage alle 2 Stunden 1 Dosis, von Baptisia C30 am 1. Tag 4 Dosen und an den folgenden Tagen 2 Eingaben (je morgens und abends).

Mercurius D12 ist angesagt, wenn starke Speichelbildung, eine dicke, weiße Zunge mit Zahneindrücken, großer Durst und blutig-schleimiger Stuhl mit Zwang vorliegen.

China D6 ist bei allen Krankheiten mit großem Säfte- und Kräfteverlust angezeigt und kann gut mit den anderen Mitteln kombiniert werden.

● **Bach–Blüten**

Reagiert Ihre Katze	dann geben Sie
mit Apathie	Wild Rose
auf die starke Erreger-vermehrung	Crab Apple
mit einem Sinken der Lebenskraft	Centaury
in akuten und kritischen Situationen	Rescue
mit einer heftigen Entzündungsreaktion	Holly

● **Komplexmittel**

Mercurius-Heel setzen Sie ein, wenn ein eitrigentzündlicher Prozeß im Vordergrund steht, Diarrheel bei einer Magen-Darmentzündung mit Durchfall.
Bei ganz apathischen Tieren können beide Mittel in den ersten Tagen 3mal täglich im Wechsel, alle 2 Stunden 1 Dosis, gegeben werden.

Zur Dosierung aller Heilmittel → vordere Umschlagseite.

Wann zum Therapeuten?

Eine schwerkranke Katze muß sofort zum Tierarzt.

Welche Therapiemaßnahmen beim Therapeuten?

Bei einer ausgezehrten, ausgetrockneten Katze wird die erste Maßnahme des Tierarztes eine Infusion mit Elektrolyten sein. Die zusätzliche Verabreichung eines spezifischen Katzenseuche-Serums oder eines Paramunitätsinducers (→ Seite 123) erhöht die Heilungschancen. Bei Gefahr einer bakteriellen Infektion sollte die naturheilkundliche Behandlung mit Mitteln der Schulmedizin kombiniert werden.
Zur Abklärung des Krankheitsgeschehens wird eine Laboruntersuchung sowie die Erstellung eines Antibiogramms (→ Seite 122) nötig.
Ist die Katze schwer krank, muß die intensive Behandlung über mehrere Tage andauern.

Vor- und Nachsorge

Regelmäßige Impfungen (→ Seite 17) schützen die Katzen nicht nur vor Katzenseuche. Hat eine Katze die Katzenseuche überstanden, dann besteht eine anhaltende Immunität.
Da die Parvoviren auch über Gegenstände (Katzenkörbe, Decken, Kleidung) übertragen werden und lange an Oberflächen haften können, sollten auch Hauskatzen, die sonst keinen Kontakt mit anderen Katzen haben, geimpft werden.

Infektiöse Bauchfellentzündung

Die infektiöse Bauchfellentzündung, auch feline infektiöse Peritonitis, abgekürzt FIP, genannt, gewinnt in den letzten Jahren immer mehr an Bedeutung, was zum einen in der wachsenden Zahl der an FIP erkrankten Katzen begründet ist, zum anderen, weil fast 90 % der erkrankten Tiere sterben. Ein Großteil der Katzen trägt die Viren in sich, zeigt aber keine Symptome. Offensichtlich sind zusätzliche Faktoren wie Streß, Verwurmung oder Auseinandersetzungen mit Rivalen verantwortlich, daß es zur Erkrankung kommt. Bemerkenswert ist noch, daß sich die Feten schon im Mutterleib mit dem Virus infizieren können. Dies würde auch den hohen Durchseuchungsgrad bei den Katzen sowie die Schwächung des Immunsystems durch das Virus bei Jungkatzen erklären.

FIP tritt vorwiegend bei Katzen im Alter von 5 Monaten bis 6 Jahren auf. Die Ansteckung erfolgt über den Mund; die ersten Symptome entwickeln sich erst nach einer Inkubationszeit (→ Seite 122) von Wochen bis Monaten.

Krankheitsbild

Die ersten unspezifischen Symptome sind z.B. Fieber, Freßunlust und Abgeschlagenheit; danach tritt erst das typische Symptom der Bauchfellentzündung hervor: Bauchwassersucht mit Abmagerung. Der Bauch erscheint äußerlich rund und prall gefüllt, wohingegen man am Brustkorb die hervortretenden Rippen sieht. Im Bauchraum kann bis zu 1 l Flüssigkeit angesammelt sein.

Neben dieser Hauptform der FIP kann sich das Krankheitsgeschehen noch an anderen Körperhäuten abspielen, z.B. in der Brusthöhle oder im Gehirn. Auch kennt man eine »trockene« Form der FIP, bei der sich nur eine starke Entzündung mit trockenen Auflagerungen ausbildet.

Ursachen

Der Erreger ist ein Coronavirus.

Selbstmaßnahmen

Die FIP ist nach dem heutigen Stand der Schulmedizin nicht heilbar. Eine alternative Heilmethode sollte man versuchen, denn Heilungen von Homöopathen werden berichtet!

● Homöopathische Einzelmittel

Arsen D12 über mindestens 2–3 Wochen ist angesagt, wenn die Bauchwassersucht mit den anderen Symptomen (→ oben) zusammen auftritt. Zusätzlich verabreichen Sie 2- bis 4mal täglich Echinacea D4 zur Steigerung der Körperabwehr.

Ist der Umfang des Bauches durch die Flüssigkeitsansammlung stark vermehrt, bekommt die Katze zusätzlich Apocynum cannabium D4, 1mal täglich über 8–10 Tage.

● Bach-Blüten

Reagiert Ihre Katze	**dann geben Sie**
mit einer innerlichen Verunreinigung	Crab Apple
mit einer geschwächten Widerstandskraft	Centaury
mit großer Ermüdung	Olive
mit Apathie	Wild Rose

● Komplexmittel

Apis-Homaccord, 3mal täglich 5–7 Tropfen, ist das wichtigste Mittel gegen die Wassersucht (Ödeme). Zusätzliche Homöopathika sind Arnica-Heel zur Steigerung der Abwehrkräfte und bei Entzündung des Bauch- und Brustfells und Galium-Heel gegen Ödeme und zur Aktivierung der unspezifischen Abwehr (jeweils 3mal 5 Tropfen über einige Wochen).

Beginnen Sie die Behandlung mit Apis-Homaccord; wenn sich innerhalb von 2–3 Wochen keine Besserung einstellt, gehen Sie auf Arnica-Heel oder Galium-Heel über.

Zur Dosierung aller Heilmittel → vordere Umschlagseite.

Welche Therapiemaßnahmen beim Therapeuten?

Ein klassisch homöopathisch orientierter Tierarzt wird das entsprechende Konstitutionsmittel heraussuchen und in hoher Potenz verabreichen.

Vor- und Nachsorge

Der beste Schutz ist die Impfung (→ Seite 17).

Wichtig: Ist in Ihrem Haushalt eine Katze an FIP gestorben, müssen Sie Decken, Körbe und Liegeplätze gründlich reinigen und desinfizieren, damit sich andere Katzen nicht anstecken.

Wichtig: Besteht der Verdacht einer Salmonellose, dann ist auch für Sie als Katzenhalter höchste Vorsicht geboten. Bei allen hygienischen Maßnahmen, die Sie ergreifen (z. B. Desinfektion des Katzenklos), sollten Sie immer Gummi-Handschuhe tragen.

Salmonellose

Die Ansteckung mit Salmonellen erfolgt über infizierte Tiere (z. B. Mäuse, Vögel), über verdorbenes Fleisch oder über Gegenstände wie Futterschüsseln, die mit Erregern behaftet sind.

Krankheitsbild

Hauptorgan für das Krankheitsgeschehen ist der Magen-Darmtrakt, in dem sich eine hochgradige Entzündung einstellt. Durchfall, z. T. mit blutigen Beimengungen, führt schnell zu einer Austrocknung; die Katze wirkt apathisch und entkräftet. Wenn die Keime über die Darmwand in den Körper eindringen, entsteht eine Septikämie (→ Seite 123). Besonders bei Jungtieren können so schwere Erkrankungen tödlich enden.

Nur ein Teil der infizierten Tiere erkrankt an Salmonellose, während der Großteil der Katzen die Erreger aufnimmt und sich mit ihnen auseinandersetzt, ohne klinisch zu erkranken. Trotzdem scheiden sie über einen längeren Zeitraum Salmonellen aus und können dadurch andere Lebewesen anstecken, auch den Menschen (Anthropozoonose, → Seite 122).

Ursachen

Die Salmonellen gehören zu den Darmbakterien.

Selbstmaßnahmen

Zu Selbstmaßnahmen → Durchfall (→ Seite 54).

Infektionen mit Eitererregern

Als Eitererreger sind v. a. Streptokokken und Staphylokokken aktiv.

Krankheitsbild und Ursachen

Staphylokokken sind oft bei eitrig-entzündlichen Prozessen der Haut, der Ohren, der Augen, der Lungen und des Harnapparates sowie bei der Bildung von Abszessen beteiligt.

Streptokokken rufen eitrige Entzündungen an den Kopfschleimhäuten, den Mandeln und Kopflymphknoten sowie an den Nieren und am Nierenbecken hervor; in letzteren kann es sogar zu einer septikämischen (→ Seite 123) Erkrankung kommen.

Selbstmaßnahmen

● **Homöopathische Einzelmittel**

Abszesse, eitrige Entzündungen und abgekapselte Herde behandeln Sie über 7 Tage mit Hepar sulfuris D12. Hat sich ein Abszeß geöffnet, wird Silicea D12 die endgültige Heilung vollziehen.

Gegen Streptokokken und Staphylokokken helfen auch die spezifischen Nosoden (→ Seite 23) Streptococcinum und Staphylococcinum.

● **Bach-Blüten**

Bei einer starken Erregerbesiedelung hilft Crab Apple, eine geschwächte Vitalkraft unterstützt Centaury.

8

● **Komplexmittel**

Bei heftigen Entzündungen setzen Sie Belladonna-Homaccord ein, während bei eitrigen Herden Mercurius-Heel angesagt ist; mit Traumeel behandeln Sie Entzündungen und Schmerzen, auch in Kombination mit den anderen Mitteln.

Zur Dosierung aller Heilmittel → vordere Umschlagseite.

Welche Therapiemaßnahmen beim Therapeuten?

Zu den therapeutischen Maßnahmen → unter Abszeß (Seite 69), → Mandelentzündung (Seite 43), → Entzündung der Mundhöhle (Seite 40) und → Nierenentzündung (Seite 60).

Infektionen mit Colibakterien

Infektionen mit Colibakterien kommen in allen Organsystemen vor und treten entweder als alleinige Infektion (z. B. Gesäugeentzündung) oder, was häufiger ist, als Folgeinfektion von Viruskrankheiten, Parasitosen oder bei Streßsituationen auf. Neben Haut, Augen, Ohren, Harnwegen, Nasen-Rachenraum u.a. ist besonders der Magen-Darmtrakt ein bevorzugter Ort von Infektionen mit Colikeimen.

Krankheitsbild

Die primären Infektionen laufen meist als Septikämie (→ Seite 123) ab. Wird eine Virusinfektion durch Bakterien überlagert, so verschlechtert sich das primäre Krankheitsgeschehen erheblich (so wird z. B. aus einem wäßrigen Nasenausfluß ein eitriges Sekret), und es können schwere organische Schäden auftreten.

Ursachen

Diese Infektionen werden durch verschiedene coliforme Bakterien wie Escherichia coli oder Proteus verursacht.

Selbstmaßnahmen

Je nach Erscheinungsbild der Krankheit → unter Gesäugeentzündung (Seite 67), Darmentzündung (Seite 54) und Lungenentzündung (Seite 49).

Vor- und Nachsorge

Je nach Erscheinungsbild der Krankheit → unter Gesäugeentzündung (Seite 67), Darmentzündung (Seite 54) und Lungenentzündung (Seite 49).

Hautpilz-Erkrankungen

Krankheitsbild

Nach der Ansteckung dauert es etwa 2 – 4 Wochen, dann treten die typischen Symptome einer Hautpilz-Infektion (Dermatophytose) auf. Dies sind kahle, runde Stellen im Fell, die in der Mitte weiß, dick und schuppig aussehen, während sie am Rand durch einen Entzündungswall gekennzeichnet sind; sie entstehen durch das gleichmäßig in die Peripherie ausstrahlende Pilzgeflecht. Das Einwandern der Sporen (→ Seite 123) in die Haarbälge führt zum Haarbruch und somit zu den kahlen Arealen. Bevorzugtes Körperteil ist der Kopfbereich, aber auch Gliedmaßen, Rücken oder Schwanz können von der Infektion betroffen sein.

Der Juckreiz läßt die Tiere nicht zur Ruhe kommen, durch das ständige Kratzen können sich an den Entzündungsherden zusätzliche bakterielle Infektionen ausbilden.

Ursachen

Haupterreger ist <u>Microsporum canis</u>, der über 90% der Pilzerkrankungen hervorruft; außerdem wurden noch <u>Microsporum gypseum</u> und verschiedene Stämme von <u>Trichophyton</u> als Erreger nachgewiesen.

Selbstmaßnahmen

Betroffene Stellen werden mit einer <u>Calendula-Lösung</u> (10 ml der Urtinktur auf 100 ml Wasser) behandelt.

Wichtig: Wegen der Infektionsgefahr sollten Sie die örtliche Behandlung <u>nur mit Handschuhen</u> durchführen.

● **Homöopathische Einzelmittel**

<u>Sepia C30</u>, 1 Dosis jeden 5. Tag über Wochen verabreicht, ist v. a. bei weiblichen Tieren angezeigt, die eine trockene, schuppige Haut mit kahlen Flecken haben.

Mit <u>Natrium muriaticum D12</u> behandeln Sie einen trockenen, juckenden und schuppigen Ausschlag.

<u>Sulfur D12</u> hilft bei schmutzig geröteter Haut, wenn die Haut riecht und Schuppenbildung zu beobachten ist.

In hartnäckigen Fällen können die <u>Nosoden</u> von <u>Trichosporon</u> und <u>Microsporon</u> verabreicht werden (→ Seite 23).

● **Bach-Blüten**

Reagiert Ihre Katze   **dann geben Sie**

mit einer Verunreinigung
der Haut .... Crab Apple
mit einer geschädigten Haut ...... Rescue Remedy

Wichtig: Crab Apple kann bei Hauterkrankungen immer äußerlich als Badezusatz (10 Tropfen aus der Einnahmeflasche auf $1/4$ l Wasser) und innerlich angewendet werden.

● **Komplexmittel**

Gegen Pilzinfektionen hat sich <u>Cutis comp.</u> bestens bewährt; geben Sie täglich $1/2$–1 Ampulle über das Trinkwasser, in der Regel 2–3 Wochen lang oder bis zur Abheilung.

Auch <u>Schwef-Heel</u> hilft, wenn die Konstitution (→ Seite 123) passend ist; verabreichen Sie 3mal täglich 5 Tropfen 10–14 Tage lang.

Zur Dosierung aller Heilmittel → vordere Umschlagseite.

Wann zum Therapeuten?

Da Hautpilz-Erkrankungen oft intensivsten Behandlungen trotzen, sollte der Therapeut rechtzeitig konsultiert werden.

Welche Therapiemaßnahmen beim Therapeuten?

Mit Hilfe der Woodschen Lampe kann er im UV-Licht die Sporen sichtbar machen und dadurch den Pilz bestimmen. Mit der richtigen Wahl eines Naturheilmittels wird er durch die innere Reinigung eine Heilung erzielen.

Vor– und Nachsorge

Artgerechte Haltung, ausgewogene Ernährung, regelmäßige Entwurmung und entsprechende Hygienemaßnahmen mindern das Infektionsrisiko. Da es aber vorwiegend ein konstitutionelles Problem ist, sollten der Homöopathie und den Bach-Blüten eine vorrangige Bedeutung beigemessen werden.

Wichtig: Für Pilze empfängliche Tierhalter sollten besondere Hygienemaßnahmen walten lassen, denn die Pilze können vom Tier auf den Menschen übertragen werden.

8

Praxis für den Katzenhalter

Katzen sind normalerweise zäh, widerstandsfähig und ausdauernd, nur selten wird es vorkommen, daß sie krank werden. Da kann es schon eher sein, daß sie sich auf ihren Streifzügen verletzen oder daß sie verunfallen. Auf den nächsten Seiten erhalten Sie nicht nur Hinweise, was zu tun ist bei Notfällen wie Verletzungen, Vergiftungen oder Verbrennungen, Sie erfahren auch nützliche Tips zur richtigen Behandlung einer kranken Katze, zu vorbeugenden Pflegemaßnahmen und zum Anlegen von Verbänden.

Praxis

Messen der Temperatur

Bei Anzeichen einer Erkrankung sollten Sie als erstes Fieber messen. Am besten eignet sich dazu ein Digital-Thermometer mit schmalem Konus.
Fetten Sie das Thermometer mit einem Gleitmittel ein; dann heben Sie vorsichtig den Schwanz der stehenden (oder liegenden) Katze hoch (vorsichtig, denn das Schwanzhochheben ist den Katzen unangenehm!) und führen das Thermometer ca. 2 cm waagerecht ein. Halten Sie das Thermometer gut fixiert im After, bis ein Signalton das Ende anzeigt. Während des Meßvorgangs streicheln Sie die Katze zur Beruhigung.
Sie kommen leichter zurecht, wenn eine Hilfsperson die Katze festhält.

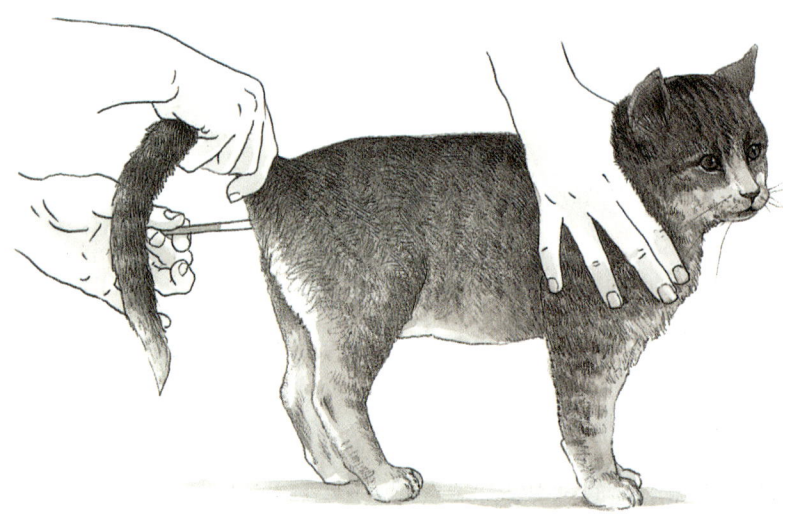

Die normale Temperatur der Katze liegt zwischen 38° und 39°C.

Pulszählen

Den Puls fühlen Sie am besten an der Arterie der Oberschenkelinnenseite; das kann sowohl am stehenden als auch am liegenden Tier erfolgen. Neben der Zahl der Pulsschläge sollten Sie v.a. auch auf ihre Stärke und Regelmäßigkeit achten. Der Puls ist nach einer unmittelbaren Aufregung, z.B. nach dem Herausholen der Katze aus dem Käfig, meist erhöht. Zählen Sie deshalb den Puls erst, wenn sich das Tier beruhigt hat, am besten nach 5 Minuten ein 2. Mal. 120–140 Schläge pro Minute zeigen einen normalen Puls an.

Atemfrequenz

Atemfrequenz ist das Ein- und Ausatmen in einer bestimmten Zeiteinheit; man kann sie durch die Auf- und Abwärtsbewegung von Brustkorb und Bauch ermitteln. Bei Erkrankungen der Lungen oder des Kreislaufs sowie bei Schmerzen im Bauchraum und bei Nierenerkrankungen ist die Atmung erhöht.
Sie erhalten die Atemfrequenz, wenn Sie die Atemzüge über einen Zeitraum von 1 Minute zählen. Bei einer normalen Atemfrequenz macht die Katze 20–40 Atemzüge pro Minute.

Führen Sie zum Fiebermessen das Thermometer ca. 2 cm waagerecht ein. Wenn eine Hilfsperson die Katze festhält, tun Sie sich leichter dabei.

Darauf sollten Sie bei Ihrer Katze besonders achten

✔ **Mundhöhle**
Speichel, Zahnstein, lockere Zähne, entzündete Herde, Farbe

✔ **Nasenspiegel**
Ausfluß, Feuchtigkeit, Farbe

✔ **Augen**
Ausfluß, Nickhautvorfall, Trübungen, Pupillen, Lichtscheu, Auflagerungen

✔ **Ohren**
Ausfluß, Ohrrand gerötet, Juckreiz, Schwellung, Sekret im Gehörgang

✔ **Afteröffnung**
verklebt, Farbe, Parasiten

✔ **Genitalbereich**
Ausfluß, ggf. Farbe, Schwellung, Rötung

✔ **Fell**
haarlose Stellen, Schuppen, Parasiten

✔ **Haut**
Ekzeme, Juckreiz, Verletzungen, Schwellungen

✔ **Extremitäten**
Lahmheit (welches Bein?), Verletzung, Schwellung

✔ **Pfoten**
Krallen, Ballen, Zwischenballenbereich

Haltegriffe bei der Untersuchung und Behandlung

Viele Katzen wehren sich, wenn sie untersucht werden sollen. Zum besseren Halten der Katze können Sie sich folgender Griffe bedienen:

Beim Brust-Schultergriff liegen beide Daumen im Nacken, die Zeigefinger befinden sich vor den Vorderbeinen, mit den anderen Fingern greifen Sie hinter den Vorderbeinen beiderseits um den Brustkorb und halten so die Katze nicht zu fest.

Beim Nacken-Rückengriff fixieren Sie mit der rechten Hand das Nackenfell, legen die linke Hand auf den Lendenbereich und drücken die Katze mit beiden Händen leicht nach unten gegen die Unterlage.

Katzen, die sich z. B. bei der Ohr-, Augen- oder Zahnbehandlung heftig wehren, wickelt man am besten so in eine Decke ein, daß nur noch der Kopf herausschaut.

Wichtig: Jede therapeutische Maßnahme läßt sich leichter durchführen, wenn eine Hilfsperson die Katze hält.

Mit dem Nacken-Rückengriff kann die Katze so gegen den Untergrund gedrückt werden, daß Sie z. B. Maßnahmen an den Vorderpfoten durchführen können.

Praxis

Wichtig: Behandeln Sie Katzen nie mit Medikamenten, die für den Menschen bestimmt sind. Verwenden Sie nie Medikamente, deren Haltbarkeit überschritten ist oder die nicht mehr in einem einwandfreien Zustand sind.

Verabreichen von Naturheilmitteln

Eingabe von Medikamenten

Die einfachste Möglichkeit, Tabletten einzugeben, ist, diese zu zerkleinern und in ein Fleischbällchen zu stecken. Auf diese Weise kann man die meisten Katzen überlisten.

Verweigert die Katze das Fressen, nehmen Sie den Kopf von hinten, als wollten Sie die Mundhöhle betrachten (→ rechts), und legen die Tablette soweit wie möglich nach hinten ein. Anschließend halten Sie das Maul der Katze zu und streichen den Kehlbereich entlang nach unten, bis sie die Tablette geschluckt hat.

Im Handel gibt es spezielle Eingeber zur leichteren Eingabe von Pasten oder Tabletten. Dabei halten Sie den Kopf der Katze wie rechts beschrieben.

Globuli lösen Sie am einfachsten in wenig Wasser auf und bringen die Lösung mittels einer 2 ml-Spritze (ohne Nadel!) in die seitliche Backentasche ein. Benötigt eine Katze regelmäßige Injektionen unter die Haut (z. B. eine tägliche Insulin-Spritze), dann sollten Sie sich die Technik vom Therapeuten vorführen lassen.

Inhalation

Setzen Sie die Katze in den Käfig oder Korb und dichten Sie diesen von 3 Seiten mit einem Tuch ab. Dann erhitzen Sie Wasser, geben Kamillenblüten oder Kamillosantropfen (Apotheke) hinein, stellen den Topf vor den Katzenkäfig und wehen die Dämpfe in Richtung Katze.

Behandlung der Mundhöhle

Zur Betrachtung der Mundhöhle umfassen Sie den Kopf der Katze von hinten und setzen Daumen und Zeigefinger hinter dem Mundwinkel an. Durch leichten Druck wird das Zahnfleisch an die Zähne angedrückt, so daß die Katze das Maul öffnet. Mit dem Zeigefinger der anderen Hand drücken Sie den Unterkiefer nach unten und blicken in die Maulhöhle.

Eine Hilfsperson sollte die Vorderbeine festhalten.

Hausapotheke für alle Fälle

Die Hausapotheke sollte an einem leicht zugänglichen Ort aufbewahrt werden und immer schnell zu erreichen sein.

✓ **Instrumente und Spritzen**
digitales Fieberthermometer, Schere, Pinzette, Zeckenzange, Krallenzange, Einwegspritzen (2 ml, 5 ml)

✓ **Medikamente**
Wurmtabletten/Wurmpaste, Halsband gegen Hautparasiten, Baby-Klistier, Gleitcreme, Ohrreiniger, evtl. Augentropfen

✓ **Homöopathische Mittel**
Arnica, Belladonna, Hepar sulfuris, Mercurius, Nux vomica, Sulfur

✓ **Salben**
Calendula-Salbe, Traumeel-Salbe, Rescue-Creme

✓ **Verbandsmaterial** (→ Seite 114)

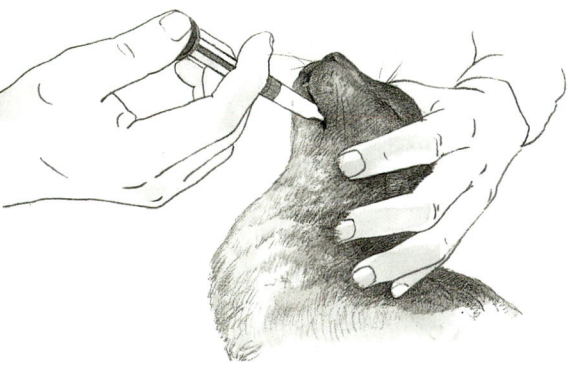

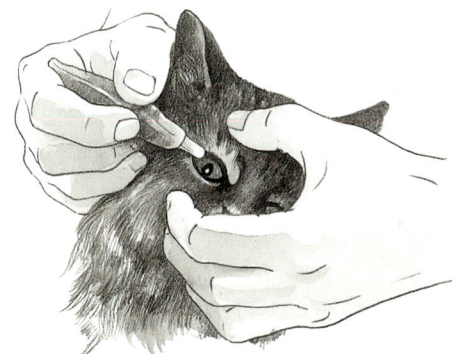

Leichter Druck mit Daumen und Zeigefinger hinter dem Mundwinkel bewirkt, daß die Katze zur Eingabe von Medikamenten das Maul öffnet.

Achten Sie bei der Behandlung der Augen darauf, daß Sie die Tropfen oder Salbe seitlich, nicht von oben, in das Auge einbringen.

Behandlung der Augen

Einen gelegentlichen Augenausfluß wischen Sie nur mit einem Papiertuch ab, indem Sie damit entlang des Unterlides von außen nach innen zum Nasenwinkel streifen.

Eine stärkere Entzündung müssen Sie mit einer Augentrost-Lösung oder mit Augentropfen behandeln. Umfassen Sie den Kopf von hinten mit der Hand. Legen Sie den Daumen an das Oberlid und den Zeigefinger an das Unterlid und öffnen Sie die Lidspalte so weit, daß Sie 2–4 Tropfen leicht in das untere Lid einträufeln können. Sie verteilen die Tropfen, indem Sie die geschlossenen Augenlider durch kreisende Bewegungen der Finger leicht massieren.

Wichtig: Bei einem Fremdkörper im Auge sollten Sie nichts unternehmen, sondern die Katze sofort zum Tierarzt bringen.

Behandlung der Ohren

Bei einer Ohrenerkrankung träufeln Sie als erstes einen Ohrreiniger in den Gehörgang. Heben Sie dazu die Ohrmuschel nach oben an, führen Sie dann die Flaschenöffnung in den Gehörgang ein und geben Sie reichlich Ohrreiniger hinein. Anschließend wird das Ohr gut massiert, damit die Krusten aufweichen. Durch Kopfschütteln befördert die Katze die Krustenteile aus dem Ohr. Mit einem Papiertuch säubern Sie dann die sichtbaren Teile und die Ohrmuschel.

Auf die gleiche Weise werden auch die Heilmittel eingeträufelt.

Wenn die Katze die groben Krustenteile herausgeschüttelt hat, können Sie ab und zu (nicht an den ersten Behandlungstagen) mit einem Ohrstäbchen vorsichtig den Gehörgang reinigen.

Wichtig: Augen und Ohren sollten mindestens einmal in der Woche auf Veränderungen kontrolliert werden!

Allopathische (→ Seite 122) und **homöopathische** Mittel müssen Sie getrennt aufbewahren. Bringen Sie keine ätherischen Öle, Campher, Wick Vaporub und ähnliche stark riechende Substanzen mit homöopathischen Mitteln zusammen.

Praxis

z. B. den lebensrettenden Baum nicht mehr erklimmen kann.

Benutzen Sie zum Kürzen eine Krallenzange. Achten Sie beim Schneiden darauf, daß Sie nur die vordere, nicht mehr durchblutete Krallenspitze entfernen.

Allgemeine Pflegemaßnahmen

Krallenpflege

Ausgerissene Nägel, verletzte Ballen sowie Entzündungen zwischen den Krallen führen zu Lahmheit und Entlastung der Pfote.

Legen Sie die Katze auf die Seite. Durch Druck auf die Pfote kann man die Krallen sichtbar machen und begutachten. Mögliche Verletzungen und Entzündungen der Pfotenunterseite bemerken Sie beim Abtasten der Ballen und der Zwischenräume. Die Krallen sollten nur in Ausnahmefällen geschnitten werden, da sich die Katze die Krallen selber am Kratzbrett, Kratzbaum oder in der freien Natur am Baum wetzt. Abgeschnittene Krallen sind nicht mehr scharf und können die Katze in lebensbedrohliche Situationen bringen, wenn sie

Fellpflege

Katzen putzen mit Hingabe ihr Haarkleid, bis es glänzt und sauber ist. Ein stumpfes, struppiges oder rauhes Fell ist meist ein Hinweis, daß die Katze krank ist. In ihrer rauhen, mit Papillen besetzten Zunge hat die Katze ein ideales Putzorgan. Im Normalfall werden die beim Putzen aufgenommenen losen Haare über den Darm ausgeschieden oder bei übermäßiger Ansammlung aus dem Magen herausgewürgt.

Eine tägliche intensive Fellpflege benötigen die Langhaar- (Perser) und die Semilanghaarkatzen (Birma). Dadurch verhindern Sie eine Gastritis oder das Verfilzen der Haare.

Kämmen und Bürsten sollte mehr ein Ritual als eine Zwangsmaßnahme sein. Streicheln Sie das

Durch Druck auf die Pfote werden die Krallen sichtbar. Nun können Sie prüfen, ob sie zu lang sind.

Achten Sie beim Kämmen darauf, daß Sie den Kamm immer in Richtung des Haarstriches führen.

Kätzchen zuerst, bevor Sie den <u>Kamm</u> ansetzen. Führen Sie den Kamm immer in Richtung des Haarstriches, also vom Kopf zum Schwanz. Knoten und kleine verklumpte Stellen werden mit den Fingern auseinandergezogen und mit dem groben Kamm ausgekämmt. Stark verfilzte Haare sollten Sie mit dem Trennmesser ausschneiden; großflächige Verfilzungen, die beim Entfernen schmerzen, sollte der Tierarzt in Narkose beseitigen. Beim Kämmen sollten Sie auch auf Hautveränderungen wie Verletzungen, Entzündungen oder Parasiten achten.

Mit der <u>Bürste</u> wird dann die Feinarbeit geleistet, wobei lose Haare entfernt werden und das Fell schön ausgestrichen wird. Besondere Aufmerksamkeit verdienen neben dem Bauch auch die Innenseiten der Schenkel sowie die Pfoten und die Haare zwischen den Krallen.

Kurzhaar-Katzen (Abessinier, Siam, Kartäuser, europäische Hauskatzen) bedürfen nur während des Haarwechsels einer Fellpflege.

Das reinigende Bad

Ist die Katze stark verschmutzt oder mit Parasiten befallen, müssen Sie sie baden. Da Katzen in der Regel nicht baden mögen, sollten Sie bereits ein vorgewärmtes Handtuch, das Shampoo und einen Plastikbecher zum Übergießen mit Wasser vorbereiten, damit es dann schnell geht.

Füllen Sie eine Plastikwanne ungefähr $\frac{1}{3}$ mit warmem Wasser (ca. 35 °C) und heben Sie dann die Katze in die Wanne. Die Vorderbeine halten Sie am

besten mit einer Hand fest, während Sie mit der anderen Hand das Tier einshampoonieren und das Shampoo wieder auswaschen.

Danach trocknen Sie die Katze in dem vorgewärmten Handtuch ab und bringen sie in einen warmen Raum, wo sie bleibt, bis sie trocken ist.

Wichtig: Beachten Sie, daß Sie den Kopf nicht waschen und kein Shampoo in Ohren oder Augen bringen!

Pflege des Anal- und Genitalbereichs

Verklebungen am After beseitigen Sie mit einem feuchten Papiertuch; wenn sich die Haare nicht mehr lösen lassen, werden sie mit einer Schere ausgeschnitten. Da gesunde Katzen diesen Bereich mit großer Sorgfalt reinigen, kann eine Verunreinigung ein Hinweis auf eine Darmstörung sein.

Kontrollieren Sie den Genitalbereich der Katze v.a. während der Trächtigkeit und nach der Geburt. Ausfluß kann das erste Anzeichen einer Erkrankung sein und sollte vom Tierarzt beurteilt werden.

Da sich Katzen nur ungern baden lassen, sollten Sie während des Waschvorgangs die Vorderpfoten festhalten.

Praxis

Fütterung kranker Katzen

Kranke Katzen bedürfen neben einer besonderen Pflege auch einer angepaßten Ernährung. Verweigert die Katze das Fressen, dient das der Entlastung des Verdauungstraktes. Lassen Sie die Katze gewähren und geben Sie ihr nur frisches Wasser, bei Durchfall auch schwarzen Tee. Hat sich die Verdauung erholt und der Körper von unnötigen Ballast- und Giftstoffen befreit, dann sollte die Katze nach ungefähr 2 Tagen wieder selbständig zu fressen anfangen. Bieten Sie ihr etwas an, was sie besonders gern frißt wie Fleisch, Fisch oder ein schmackhaftes Gericht aus der Dose.

Dauert die Fastenzeit länger als 3 Tage, sollten Sie die Katze zur allgemeinen Stärkung und zur Steigerung des Appetits zwangsernähren. Eine bewährte Methode ist, kleine Fleischbällchen zu formen und diese der Katze in den Mund zu geben. Zur Appetitanregung können Sie auch eine Traubenzuckerlösung (1 Teelöffel auf 250 ml Wasser) oder das Rinderblutserum Boviserin (nach Anweisung des Tierarztes) verabreichen. Halten Sie hierzu das Kätzchen fest im Nacken und träufeln Sie die Lösung mit Hilfe eines Löffels in das Maul. Sie können die Lösung auch mittels einer Einwegspritze (ohne Nadel!) verabreichen.

Wichtig: Bei einer Darmerkrankung mit Durchfall dürfen Sie auf keinen Fall eine Traubenzuckerlösung geben! Um eine Austrocknung des Organismus zu verhindern, können Sie stündlich eine Elektrolyt-Lösung (Lectade, beim Tierarzt erhältlich) verabreichen.

Diäten

Auch bei Katzen kann es notwendig sein, daß man ihnen eine ganz gezielte Ernährung verabreicht, um z. B. Übergewicht abzubauen, ein chronisch krankes Organ zu entlasten oder Stoffwechselstörungen zu lindern oder zu stoppen. Diese Form der speziell zusammengesetzten Ernährung bezeichnet man als Diät.

Im Handel werden gegen alle möglichen Erkrankungen Diäten angeboten, so daß für jede »kranke« Katze auch ein spezielles Futter zu finden ist. Wollen Sie für Ihre Katze die Diät selbst zusammenstellen, können die folgenden Vorschläge hilfreich sein.

Abmagerungsdiät

Reduzieren Sie bei einer Abmagerungsdiät den Anteil an Protein und Fett und ergänzen Sie dafür das Futter entsprechend mit Ballaststoffen wie Reis und Gemüse.

Diät zum Abnehmen

100 g gekochte Leber
60 g gekochter, ungesalzener Reis
2 EL gekochtes Gemüse
1 TL Kalziumkarbonat
1 EL Hüttenkäse

Diät bei Niereninsuffizienz

50 g gekochte Leber
1–2 hartgekochte Eier
120 g gekochter, ungesalzener Reis
10 g tierisches Fett
$^1/_2$ TL Kalziumkarbonat

Diät bei Nierensteinen

120 g gekochtes Rindfleisch
30 g gekochte Rinderleber
45 g gekochter, ungesalzener Reis
$^1/_2$ TL Kalziumkarbonat
$^1/_2$ TL Maisöl oder Distelöl

Beginnt eine Katze ca. 2 Tage nach einer Fastenzeit nicht selbständig zu fressen, müssen Sie sie zwangsernähren. Ein Löffel leistet dazu gute Dienste.

Katzen auf Nulldiät zu setzen wie den Hund sollte nicht erwogen werden, da Katzen sonst in der Nachbarschaft um Futter betteln.

Zur Gewichtsregulierung eignet sich auch das von IAMS Company angebotene Light Cat Food als Alleinfutter. Dieses energiereduzierte Nahrungsmittel stellt eine vollwertige Ernährung dar, Sie können es auch Kastraten und Katzen, die wenig Bewegung haben, geben.

Nierendiät

Die Diät bei Nierenerkrankungen zielt darauf ab, die Niere zu entlasten; das erreichen Sie, indem Sie den Anteil an Protein und Phosphor reduzieren, gleichzeitig die Nahrung aber mit Kalzium und Vitamin D anreichern. Außerdem sollten Sie darauf achten, daß die Katze ausreichend Flüssigkeit zu sich nimmt.

Eine medizinische Untersuchung wird abklären, ob sich eine gestörte Nierenfunktion durch eine Diät verbessern läßt.

Leberdiät

Als Eiweißquelle bei einer Lebererkrankung dienen Fisch, Milchprodukte wie Quark oder Hüttenkäse sowie Tofu; diese mischen Sie mit gekochtem Reis (kein Naturreis!), Vitaminen und Mineralien zu einem leicht bekömmlichen Fressen.

Diät bei Magen-Darmstörungen

Bei Magen-Darmerkrankungen bekommt die Katze nach 1–2 Fastentagen zunächst Hüttenkäse mit Kartoffelbrei (der mit Wasser zubereitet werden sollte); anschließend beginnen Sie wieder mit kleinen gekochten Fleischportionen (Geflügel, Rind, Wild), gekochter Leber, Reis und hartgekochtem Ei.

Achten Sie auf ausreichende Flüssigkeitsaufnahme, denn bei Durchfall und Erbrechen verliert der Körper der Katze sehr viel Wasser, das ersetzt werden muß.

Wichtig: Bei jeder Diät darf der Mindestbedarf an Eiweiß mit 5 g Protein pro Kilogramm Körpergewicht nicht unterschritten werden.

Diäten verfüttern Sie am besten 2mal am Tag solange, bis das zugrundeliegende Leiden behoben ist. Das kann bei Leber- und Nierenleiden bedeuten, daß Sie der Katze die Diät für den Rest des Lebens verabreichen müssen.

Praxis

Unfälle

Notfälle, sei es ein Unfall, ein Sturz aus dem Fenster oder eine Vergiftung, kommen in jedem Katzenleben einmal vor. Um im Ernstfall alle Mittel und Handgriffe parat zu haben, sollten Sie sich in einer ruhigen Stunde Gedanken machen, was in solchen Fällen zu tun ist.

Unfall

Wird eine Katze auf der Straße angefahren, müssen Sie erst den Unfallbereich verkehrstechnisch sichern, dann legen Sie die Katze vorsichtig auf eine Decke, ein Tuch oder einen Mantel und bringen sie an einen stillen Ort.

Bei der ersten Schnelluntersuchung sollten Sie die Atmung (→ Seite 102), den Puls (→ Seite 102) und die Reflexe (durch Ohrkneifen oder Augenlidberührung) kontrollieren. Kommt kein Abwehrreflex, ist die Katze bewußtlos (→ Seite 111).

Befinden sich noch andere Menschen am Unfallort, dann sollte eine Person den nächsten Tierarzt verständigen und nach einem sofortigen Termin fragen. Wenn verfügbar, verabreichen Sie der verunfallten Katze Arnica D12 (→ Info-Kasten rechts). Danach sollten Sie die Katze noch einmal auf Verletzungen, Blutungen oder Knochenbrüche untersuchen. Eine starke Blutung müssen Sie unbedingt stillen (→ Seite 115).

Ist ein Bein gebrochen oder liegt ein offener Bruch an einem Fuß vor, dürfen Sie auf keinen Fall Einrenkungsversuche machen und einen Verband anlegen, Sie schaden der Katze nur und fügen ihr unnötige Schmerzen zu.

Legen Sie die Katze vorsichtig mit Hilfe einer zweiten Person so in einen Katzenkäfig oder einen Karton, daß sich das verletzte Bein oben befindet. Decken Sie das Tier warm zu, geben ihm noch eine Dosis Arnica und fahren Sie umgehend zum verständigten Tierarzt.

Wichtig: Eine verletzte Katze sollten Sie nicht allein lassen; reden Sie beruhigend mit ihr und streicheln Sie das Tier.

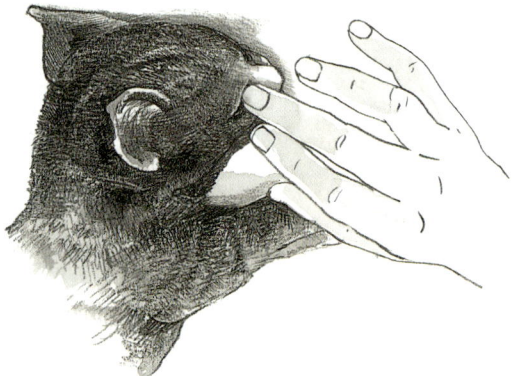

Lidreflex: Nur eine bewußtlose Katze reagiert nicht bei leichtem Betasten des Augenlides.

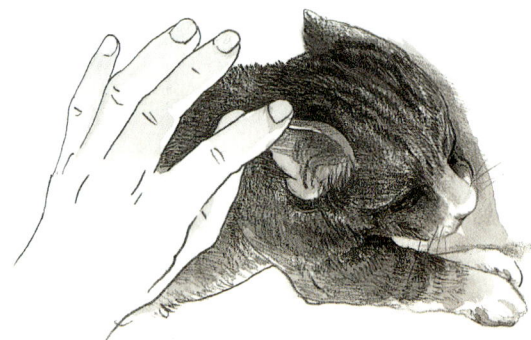

Ohrenreflex: Eine Katze, die bei Bewußtsein ist, zeigt bei Berührung des Ohrs einen Reflex.

Unfall-Katzen legt man zur Entlastung des Herzens auf die rechte Seite.

Bewußtlosigkeit

Zeigt die Katze keine Reflexe (→ Seite 110), ist sie bewußtlos. Öffnen Sie sofort den Mund und entfernen Sie evtl. erbrochene Speisereste; die Zunge sollten Sie vorsichtig mit einem Tuch herausziehen, um eine freie Atmung zu ermöglichen. Legen Sie die Katze auf die rechte Seite, um das Herz zu entlasten, außerdem mit dem Kopf leicht abwärts. Verabreichen Sie ihr dann Arnica in der höchsten Potenz, die Sie zur Verfügung haben, indem Sie die Kügelchen direkt oder in Wasser aufgelöst tropfenweise auf die Zunge geben.

Verletzungen nach Sturz

Ein Sturz aus dem Fenster oder vom Balkon hat meist Verstauchungen, Prellungen und manchmal auch Knochenbrüche zur Folge. Deshalb sollten Sie auf jeden Fall einen Tierarzt aufsuchen.
Decken Sie die Katze zu, verabreichen Sie dem Tier entweder Arnica D12 oder Rescue Remedy (→ Info-Kasten rechts). Dann fahren Sie so schnell wie möglich zum Tierarzt.
Zu Selbstmaßnahmen bei Verletzungen des Bewegungsapparates → Seite 80, bei Knochenbrüchen → Seite 82.

Biß-, Stich- und Schußverletzungen

Diese drei Verletzungsarten werden ganz ähnlich behandelt.

Geben Sie der Katze Arnica D12 oder Rescue Remedy 3mal täglich einige Tage lang, auch wenn eine Operation notwendig sein sollte.
Bildet sich ein Abszeß, setzen Sie die Behandlung mit Hepar sulfuris D12 fort, eröffnet sich der Abszeß oder entsteht eine Fistel, geben Sie Silicea D12; von allen Mitteln verabreichen Sie 2- bis 3mal täglich 1 Tablette oder 3–5 Globuli.

Wichtig: Bei einer Schußverletzung müssen Sie unbedingt zum Tierarzt gehen, damit er anhand einer Röntgenaufnahme die Kugel im Körper ausfindig macht und ggf. operativ entfernt. Wunden mit Eröffnung von Körperhöhlen (sog. Perforationswunden) müssen umgehend beim Tierarzt chirurgisch versorgt werden.

Heilmittel bei Unfällen

Verabreichen Sie einer verunfallten Katze alle 15 – 30 Minuten jeweils 2–4 Globuli Arnica D12 oder von den Bach-Blüten 2 Tropfen Rescue Remedy. Haben Sie D12 nicht parat, können Sie auch eine andere Potenz geben.
Die Behandlung mit beiden Mitteln im Wechsel ist ebenfalls möglich.

Praxis

Notfälle

Vergiftungen

Vergiftungen sind bei Katzen relativ selten, weil sie sehr vorsichtig sind und unverträgliche Substanzen schnell wieder erbrechen. Typische Symptome, die auf eine Vergiftung schließen lassen, sind in nebenstehender Checkliste zusammengefaßt.

Um einen Haarballen loszuwerden oder um ihren Magen »einzurenken«, kauen Katzen an Gräsern herum. Dabei kann es passieren, daß sie eine giftige Pflanze fressen. Stellen Sie Ihrer Katze immer Katzengras, in einem Topf gezogenes Getreide oder die Zimmerpflanze Grünlilie zur Verfügung.

Farben, Lacke und Chemikalien verkleben oder verschmutzen nicht nur das Fell, zusätzlich besteht höchste Lebensgefahr, da Katzen bei dem Versuch, diese Stoffe vom Fell abzuschlecken, das Gift aufnehmen.

Behandlung von Vergiftungen

Verabreichen Sie Ihrer Katze bei allen Arten von Vergiftungen Nux vomica C30, am 1. Tag 4mal 5 Globuli, vom 2.–4. Krankheitstag 2mal 5 Globuli. Sie können die Globuli direkt oder in Wasser aufgelöst in das Maul geben.

Durch Lacke etc. stark verklebte Haarpartien schneiden Sie aus, die Reste entfernen Sie gründlich mit speziellen Lösungsmitteln. Diese spülen Sie mit viel Wasser aus, anschließend baden Sie die Katze (→ Seite 107).

Danach wird die Katze in ein Handtuch eingewickelt, damit sie nicht evtl. noch vorhandene Giftreste ablecken kann.

Ertrinken

Eine aus dem Wasser gerettete Katze ist in der Regel bewußtlos (→ Seite 111) und hat Wasser in der Lunge. Heben Sie die Katze an den Sprunggelenken der Hinterbeine hoch und streichen Sie mit der Hand unter leichtem Druck über den Brustkorb Richtung Kopf; dadurch massieren Sie das Wasser aus der Lunge heraus. Diesen Vorgang sollten Sie mit kurzen Pausen (ca. 10–20 Sekunden) öfter wiederholen.

Setzen Atmung und Herzschlag nicht ein, müssen Sie die Katze wiederbeleben.

Für die Herzmassage bringen Sie die Katze in die rechte Seitenlage. Legen Sie Ihre rechte Hand hinter dem linken Vorderbein und dem linken Schulterblatt auf den Brustkorb und üben Sie abwechselnd Druck auf den Brustkorb aus, dann wieder loslassen, jeweils 1–2 Sekunden lang.

Typische Symptome bei Vergiftungen

✓ **Speicheln, Erbrechen, Durchfall**
bei Rattengift, Desinfektionsmittel, phenolhaltigem Mittel

✓ **Blutungen**
bei Rattengift

✓ **Gleichgewichtsstörungen**
bei Schmerzmitteln wie Aspirin, Frostschutzmittel

✓ **Muskelzittern, Krämpfe, Zuckungen, Bewußtlosigkeit**
bei Insektiziden, Pestiziden, Frostschutzmittel

✓ **Untertemperatur**

✓ **Pupillen eng oder weit**

✓ **blasse Bindehaut**
bei Blutgift

✓ **gelblich verfärbte Bindehaut**
bei Lebergift

So halten Sie eine aus dem Wasser gerettete Katze. Um das Wasser aus der Lunge zu entfernen, streichen Sie mit der anderen Hand über den Brustkorb.

Zur künstlichen Beatmung hält eine Hilfsperson die Katze mit dem Kopf nach oben. Mit beiden Händen umfassen Sie den Kopf, umschließen mit Ihren Lippen die Nase und das offene Maul der Katze und blasen kräftig Luft in die Lungen (3–4 Sekunden), bis sich der Brustkorb sichtbar öffnet. Anschließend machen Sie eine Pause von ebenfalls 3–4 Sekunden, ehe Sie den Vorgang wiederholen.

Diese beiden Wiederbelebungsaktionen führen Sie am besten abwechselnd durch. Nach 4–5 Minuten müssen Herzschlag und Atmung einsetzen!

Zusätzlich benetzen Sie alle 1–2 Minuten die Zunge einer kalten Katze ohne Atemzeichen mit ein paar Tropfen Camphora C30; einer Katze mit tiefer, langgezogener schnarchender Atmung geben Sie Opium C30.

Ersticken

Die Katze keucht, hustet und schnappt dabei nach Luft, dann tritt Atemnot ein. Ist Ihnen bekannt, daß dies die Folge eines Fremdkörpers im Rachen ist, müssen Sie sofort handeln. Eine Hilfsperson hält die Katze fest, während Sie dem Tier das Maul »gewaltsam« öffnen und mit einer Taschenlampe die Mundhöhle ausleuchten. Haben Sie den Fremdkörper entdeckt, fassen Sie ihn mit einer Pinzette und holen ihn heraus. Danach geben Sie der Katze 3 Globuli Arnica D12.

Langen Sie nie mit den Fingern in das Maul der Katze, sie beißt mit Sicherheit zu!

Ist die Ursache der Atemnot unklar oder gelingt es Ihnen nicht, den Fremdkörper zu entfernen, müssen Sie die Katze sofort zu einem Tierarzt bringen.

Verbrennungen

Verbrennungen mit oder ohne Blasenbildung und Verbrühungen müssen sofort kühlend versorgt werden. Entweder betupfen Sie die Stellen mit kaltem Wasser und legen Eisbeutel auf, oder Sie mischen Essig mit Wasser im Verhältnis 1:1, tränken einen Wattebausch und tupfen die entzündeten, schmerzhaften Stellen vorsichtig ab oder legen ein mit Essig und Wasser getränktes Tuch auf. Läßt die beruhigende Wirkung des Essigs nach, wiederholen Sie die Behandlung.

Ab dem 2. Tag tragen Sie 3mal täglich auf die verbrannten Areale Rescue-Creme auf. Eine schnelle Besserung, v.a. wenn sich Blasen gebildet haben, erreichen Sie auch durch Cantharis D12, 2- bis 3mal täglich 1 Dosis (→ vordere Umschlagseite).

Eine vergiftete oder traumatisierte Katze sollte sofort zum Tierarzt gebracht werden. Ist dies nicht möglich, dann müssen Sie sich bei einem Tierarzt oder in einer tierärztlichen Klinik telefonisch nach Sofortmaßnahmen erkundigen, die das Tier vor größerem Schaden bewahren.

Praxis

Verbände und Zwangsmaßnahmen

Die häufigsten Verletzungen, die zur Heilung durch einen Verband geschützt werden müssen, sind Wunden an den Beinen oder Bißverletzungen am Körper (z.B. am Brustkorb oder Bauch).
Beim Verbinden sollte eine zweite Person die Katze festhalten, damit Sie in Ruhe Salbe und Verband anbringen können. Die Binden werden <u>fest</u>, aber nicht zu streng angezogen, da es sonst zu einer Stauung des Blutkreislaufs kommt.

Verband an einer verletzten Pfote oder am Bein

Zunächst wird die verletzte Stelle gründlich gereinigt und mit einem Zellstoff ausgetrocknet. Dann legen Sie beim ersten Mal einen Fucidine-Gaze-streifen auf die Wunde, um zu verhindern, daß der Verband daran festklebt. Nach dem ersten oder zweiten Verbandwechsel tragen Sie statt der Gaze reichlich Wundsalbe auf. Die Zehen und die Ballenzwischenräume füllen Sie mit Watte aus, damit sich diese Bereiche nicht entzünden können und wund werden.
Dann ummanteln Sie die Pfote bzw. das Bein mit Watte oder Zellstoff und wickeln darüber mäßig fest die Mullbinden, so daß sich auch vorn um die Pfote einige Lagen davon befinden; die Pfote sollte von allen Seiten geschützt sein.
Zur Fixierung des Verbands heften Sie auf der Vorderseite von Pfote/Bein oberhalb der Binde einen Klebestreifen/Leukoplast am Fell an, kleben ihn entlang des Beins nach unten, schlagen ihn um die Pfote, führen ihn auf der gegenüberliegenden Seite wieder zurück und kleben ihn oberhalb der Binde am Fell fest. Ein zweiter Streifen wird auf Innen- und Außenseite in der gleichen Weise angebracht.
Mit 3–4 Querstreifen um das ganze Bein wird der Verband in der richtigen Position festgehalten. Der oberste Querstreifen wird halb auf dem Verband und halb auf dem Fell festgeklebt, damit der Verband nicht verrutschen kann.

Einen Verband an der Pfote oder am Bein müssen sie mit einem Pflaster am Fell fixieren, damit er nicht rutschen kann.

Verbandsmaterial

- ✔ Traumeel- oder Calendula-Salbe, Rescue-Creme
- ✔ Fucidine-Gazestreifen
- ✔ Watte
- ✔ sterile Kompressen
- ✔ Mullbinden (4 cm, 6 cm)
- ✔ 2 elastische Binden
- ✔ Klebeband oder Leukoplast (schmal)
- ✔ Schere mit Knopfaufsatz
- ✔ evtl. Dreieckstuch, Sicherheitsnadeln

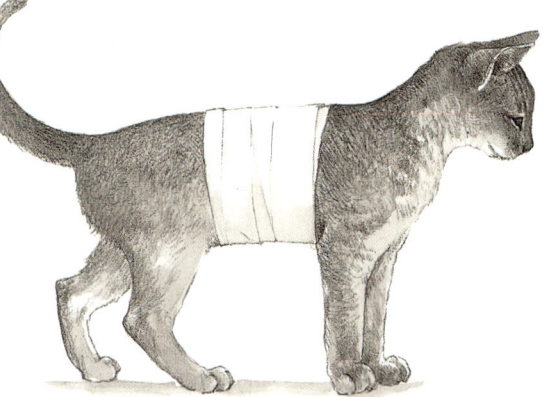

Bei einer Wunde im Brust-Bauchbereich wickeln Sie eine breite Mullbinde um den ganzen Körper.

Um zu verhindern, daß sich die Katze einen Verband wieder abreißt, bekommt sie eine Halskrause umgelegt.

Wichtig: Ist ein Verband an der Wunde angeklebt, müssen Sie ihn mit Kamillentee aufweichen, dann entfernen Sie ihn vorsichtig mit der Schere.

Verband um den Brustkorb

Verletzungen am Brustkorb werden zunächst zur besseren Heilung und als Schutzmaßnahme mit Salbe und einem Verband behandelt. Beginnt die Verletzung abzuheilen, trocknet die Luft den Wundbereich besser aus als jeder Verband.
Auf die mit Calendula-Salbe versorgte Wunde legen Sie einen Gazestreifen und darüber etwas Watte, um den Druck zu nehmen. Die Watte fixieren Sie mit einer breiten Mullbinde (evtl. Größe 8). Über die so abgedeckte Wunde können Sie noch eine elastische Binde anbringen. Den gleichen Zweck erfüllen auch ein Dreieckstuch, ein sauberes Taschentuch oder Stoffstreifen, die Sie aus einem sauberen Laken zurechtgeschnitten haben.
Bei größeren Verletzungen sollten Sie zum Tierarzt gehen. Er wird dann entscheiden, ob die Wunde genäht werden muß.

Stillen einer starkblutenden Wunde

Um eine Blutung zum Stillstand zu bringen, legen Sie zunächst eine Kompresse auf die Wunde und wickeln darüber eine Binde, die Sie fest anziehen müssen, damit auf den Wundbereich ein starker Druck ausgeübt wird. Danach bringen Sie die verletzte Katze umgehend zum Tierarzt.
Spätestens nach $\frac{1}{2}$ Stunde oder wenn sich das Blut staut, sollten Sie den Druckverband lockern, um die Blutzirkulation wieder in Gang zu bringen.

Zwangsmaßnahmen

Ist ein Verband notwendig, die Katze entfernt ihn aber immer wieder, dann sollten Sie ihr eine Halskrause anlegen. Diesen Plastiktrichter befestigen Sie so am Kopf, daß die Seite mit den Schlaufen am Hals liegt. Durch die Schlaufen führen Sie ein Halsband und fixieren die Halskrause damit. Dann schließen Sie den Trichter.
Hat sich eine Katze einen Knochen gebrochen, sollten Sie das Tier für 2–3 Wochen in einen Käfig einsperren, damit durch die »Zwangsruhe« der Bruch zusammenwachsen kann.

Verzeichnis der Naturheilmittel

Im folgenden sind alle homöopathischen Einzelmittel, Komplexmittel und Bach-Blüten aufgeführt, die im Buch zur Behandlung empfohlen werden. Bei den Einzelmitteln sind die Konstitutionsmittel (→ Seite 123) ausführlicher erläutert; unter »Anwendung« stehen für das Mittel charakteristische Symptome, die bei der Mittelwahl besondere Berücksichtigung finden.
KM bedeutet Konstitutionsmittel.

Homöopathische Einzelmittel

Wenn nicht anders vermerkt, sind alle im Buch genannten Einzelmittel in den angegebenen Potenzen als Tabletten (20g) oder Globuli (10g) erhältlich.

Abrotanum (Eberraute)
Anwendung: Darmwürmer.

Aconitum (Blauer Eisenhut)
Anwendung: Plötzlich einsetzende Beschwerden nach trockener, kalter Luft; Fieber ganz im Anfangsstadium; große Furcht.

Aethusa (Hundspetersilie)
Anwendung: Erbrechen von geronnener Milch.

Allium cepa (Zwiebel)
Anwendung: Wundmachender Fließschnupfen.

Apis (Honigbiene)
Anwendung: Starke Rötung, Schwellung, Hitze, Schmerzhaftigkeit und große Berührungsempfindlichkeit (Symptome wie Bienenstich); Ödeme; Besserung durch kalte Umschläge.

Apocynum cannabium (Hanfartiger Hundswürger)
Anwendung: Bauchwassersucht.

Arnica (Arnika, Bergwohlverleih, Fallkraut)
Anwendung: Jede Art von Verletzung, z. B. durch Schlag, Stoß, Zerrung und bei Wunden; Weichteilverletzungen mit Bluterguß; vor und nach Operationen gegen den Schock.

Arsenicum album (Weißer Arsenik)
Anwendung: Erschöpfung mit großer Unruhe und Angst; Körper und Glieder kalt; Vergiftung nach verdorbenem Fleisch; Verschlechterung nach Mitternacht (1–3 Uhr); starker Durst, trinkt oft, aber nur kleine Mengen; Durchfall, z. T. mit Blut durchtränkt, erschöpfend; Besserung durch Wärme und warme Getränke.

Baptisia (Wilder Indigo)
Anwendung: Katzenseuche.

Belladonna (Tollkirsche)
Anwendung: Beschwerden wie fieberhafte Entzündungen setzen heftig und plötzlich ein, dabei Röte und Hitze im Kopfbereich und kalte Extremitäten; hohes Fieber.

Berberis (Berberitze)
Anwendung: Nieren- und Blasenbeschwerden, Harnsteine.

Borax
Anwendung: Aphthen, Geschwüre der Mundschleimhaut.

Bryonia (Weiße Zaunrübe)
Anwendung: Entzündungen der Bronchien, Lungen und des Brustfelles; Druck auf der schmerzhaften Seite bessert (d.h., die Katze mit einer linksseitigen Bronchitis legt sich auf die linke Seite); Besserung durch Ruhe und Verschlechterung durch jede Art von Bewegung; Rheumatismus.

Calcium carbonicum (Austernkalkschale, KM)
Anwendung: Konstitutionsmittel v.a. für junge Tiere mit Wachstumsstörungen, Knochenzubildungen (Überbeinen), Lymphknoten- und Drüsenschwellungen und chronischem Katarrh. Kälteempfindlichkeit; großkalibrige, weiße und pastöse bis harte Stühle. Durchfall nach Unverträglichkeit von Milch (bei Jungtieren).

Calcium phosphoricum
Anwendung: Wachstumsstörungen, Knochenbruch.

Calendula (Ringelblume)
Anwendung: Verletzungen und Wunden, Augenverletzungen.

Cantharis (Spanische Fliege)
Anwendung: Nieren- und Blasenentzündungen mit heftigem Harndrang.

China (Chinabaum)
Anwendung: Allgemeine Schwäche nach Flüssigkeitsverlust oder nach schwerer Krankheit.

Chionanthus (Schneeflockenstrauch)
Anwendung: Zuckerkrankheit, Entzündung der Bauchspeicheldrüse.

Conium (Schierling)
Anwendung: Harte Geschwüre.

Drosera (Sonnentau)
Anwendung: Husten (mit Erbrechen), heisere Stimme.

Echinacea (Sonnenhut)
Anwendung: Allgemeine Stärkung des Abwehrsystems.

Euphrasia (Augentrost)
Anwendung: Augenentzündung. erhältlich als: Tabletten (20g), Globuli (10g), Tropfen der Urtinktur zur äußeren Anwendung (20ml)

Ferrum (Eisen)
Anwendung: Blutarmut.

Graphites (Reißblei, KM)
Anwendung: Bei übergewichtigen, fetten, hartleibigen Tieren mit Verstopfung und Hautaffektionen; Ausschläge (vorwiegend an den Gelenkbeugen und hinter den Ohren) mit dicker, honigartiger Absonderung; dicke, brüchige oder verkrüppelte Krallen; Kälteempfindlichkeit.

Haronga
Anwendung: Entzündung der Bauchspeicheldrüse.

Hepar sulfuris (Kalkschwefelleber)
Anwendung: Bei allen Entzündungen, die mit Eiterung einhergehen (bis zur Potenz D6 öffnet sich der Eiterherd nach außen, bei höheren Potenzen (D12) wird der Eiter vom Körper eingeschmolzen); große Kälteempfindlichkeit (→ Silicea); Verschlechterung durch leisesten Luftzug und durch kalte, trockene Winde; Besserung durch viel Wärme (liegt viel an der Heizung); Absonderungen riechen nach altem Käse.

Hypericum (Johanniskraut)
Anwendung: Verletzung und Quetschung von Nerven.

Ignatia (Ignatiusbohne)
Anwendung: Überreizte, nervöse, zitternde und leicht erregbare Tiere mit wechselhaften, widersprüchlichen Zuständen; Kummermittel (→ Natrium muriaticum, Pulsatilla).

Ipecacuanha (Brechwurzel)
Anwendung: Husten mit Erbrechen, Atemnot.

Iris versicolor (Schwertlilie)
Anwendung: Entzündung der Bauchspeicheldrüse.

Jodum (Jod)
Anwendung: Abmagerung trotz Heißhunger, Erkrankung der Bauchspeicheldrüse.

Lachesis (Buschmeister)
Anwendung: Heftige Entzündungen, v.a. auf der linken Seite.

Lycopodium (Bärlapp, KM)
Anwendung: Erkrankungen des Verdauungs- und Harnapparates; Blähungen und Völle schon nach wenigen Bissen; Leberentzündung; Abmagerung trotz Heißhunger, Hunger in der Nacht; Impotenz; häufiges Wasserlassen nachts; braune Flecken auf der Bauchhaut; Katzen haben Symptome überwiegend auf der rechten Seite; Beschwerden wandern von rechts nach links; Verschlechterung zwischen 16–20 Uhr.

Mercurius (Quecksilber, KM)
Anwendung: Schwere Entzündungen von Ohr, Auge, Mundhöhle und Magen-Darmtrakt; die Absonderungen sind dick, gelb und übelriechend (Ohr) oder brennend-scharf (Auge); Zunge dick geschwollen mit Zahneindrücken und weißem Belag (Mundhöhle); ödematös-entzündliches Zahnfleisch mit üblem Mundgeruch

und starker Speichelbildung; Blasen (Aphthen) auf der Mundschleimhaut; Schwäche und Zittern der Glieder; bei Durchfall ist der Stuhl mit Blut und Schleim durchsetzt.

Natrium muriaticum
(Kochsalz, KM)
Anwendung: Abmagerung der Tiere; der Mangel an Lebenskraft zeigt sich bei den kranken Katzen in Müdigkeit und großer Schwäche; Folgen von Kummer und Furcht; Tiere sind scheu, zurückgezogen, Fremden gegenüber mißtrauisch; Hautausschläge sind trocken, schuppig und juckend; Nat-m.-Patienten vergessen negative Erlebnisse nicht, auch wenn sie schon lange Zeit zurückliegen.

Natrium sulfuricum
Anwendung: Lebererkrankungen, wichtigstes Mittel nach Kopfverletzungen.

Nux vomica (Brechnuß, KM)
Anwendung: Krampfartige Zustände des Verdauungskanals (Kolik, Verstopfung, vergeblicher Stuhldrang); Überempfindlichkeit und Überreizung des Nervensystems; die Katzen sind empfindlich auf Geräusche, Gerüche und Licht; Erkältungen durch kalten Wind; Rückenschmerz; Nabel- oder Leistenbruch (auch eingeklemmt).

Opium
Anwendung: Krampfende Schmerzen der Verdauungsorgane, Koliken.

Phosphorus
(Gelber Phosphor, KM)
Anwendung: Die Phosphor-Katze ist groß, schlank, mit engem Brustkorb, lieb, verspielt, feinglied-

rig mit Verlangen nach Gesellschaft; Neigung zu Blutungen, die kaum gestillt werden können (z. B. aus der Nase oder bei Zahnextraktionen); Durst auf sehr kaltes Wasser; Entzündungen im Kehlkopf, in den Bronchien und in der Lunge mit Husten und verstärkter Atmung, wobei das Liegen auf der linken Seite verschlechtert; ängstliche Tiere (z. B. vor Gewitter).

Phytolacca (Kermesbeere)
Anwendung: Entzündung der Brustdrüsen, Gesäuge-Tumor.

Podophyllum (Entenfuß)
Anwendung: Durchfall, der explosionsartig herausschießt.

Pulsatilla (Küchenschelle, KM)
Anwendung: Auffallend ist die Wechselhaftigkeit der Symptome (z.B. Stuhl einmal weich, einmal hart); häufig weibliche Tiere mit sanftem, liebenswertem, etwas launischem, aber nicht zu mutigem Charakter; fühlen sich in warmen Räumen nicht wohl, mögen lieber die frische Luft; Durstlosigkeit; die Absonderungen aus Auge und Nase sind dick, grünlich-gelb und mild.

Rhus toxicodendron
(Giftsumach)
Anwendung: Verrenkung, Verstauchung und Zerrung der Gliedmaßen und der Gelenke, v.a. wenn Bewegung bessert; Ruhelosigkeit; Verlangen nach kalter Milch (→ Phosphorus); Bläschenausschlag mit heftigem Jucken.

Sepia (Tintenfisch, KM)
Anwendung: Mittel vorwiegend für weibliche Tiere; Kätzin beißt während der Rolligkeit den Kater konsequent weg; Abortneigung; Gebärmutterentzündungen (wichtiges Mittel für den Uterus);

Gleichgültigkeit gegenüber dem eigenen Nachwuchs (→ Lycopodium); starker Bewegungsdrang; Tiere lieben eher das Alleinsein.

Silicea (Kieselsäure, KM)
Anwendung: Mangel an Vitalität, frostig mit kalten Extremitäten, sucht die Wärme (Heizung); rachitische Jungtiere mit aufgetriebenem Bauch und verzögerter Entwicklung; Abszesse, Fisteln und eiternde Wunden, bei denen die Eröffnung stattgefunden hat (→ Hepar sulfuris); Drüsenschwellung (→ Calcium carbonicum); Impfschäden; Krallenbett-Eiterung; Angst vor Nadeln und Spritzen.

Spongia (Meerschwamm)
Anwendung: Husten.

Staphisagria (Stephanskraut)
Anwendung: Seelischer Schmerz, nach Kastration.

Sulfur (Schwefel, KM)
Anwendung: Hautmittel ersten Ranges; das Fell der Katze ist struppig, ungepflegt, mit Schuppen durchsetzt, und es herrscht starkes Jucken vor (auch ohne Ausschlag); Absonderungen sind übelriechend; trockene Ekzeme; Körperöffnungen sind gerötet (Nase, Augen, After, Scheide); Durchfall am Morgen treibt die Katze hinaus; erwacht häufig (»Katzenschlaf«), v. a. zwischen 3–5 Uhr; Waschen ist unerträglich. Wenn gut gewählte Mittel nicht wirken oder nach einer Behandlung mit Antibiotika stärkt eine Gabe Sulfur C30 die Konstitution.

Symphytum (Beinwell)
Anwendung: Knochenbruch.

Thuja (Lebensbaum)
Anwendung: Warzen, Knoten.

Albumoheel (Heel)
Inhaltsstoffe: Apis, Phos., Ign., Verat., Ter. u.a.
Anwendung: Nieren- und Blasenerkrankungen
erhältlich als: Tabletten (50 Stück)

Angin-Heel (Heel)
Inhaltsstoffe: Merc., Apis, Phyt., Arn., Hep. u.a.
Anwendung: Hals- und Mandelentzündung
erhältlich als: Tabletten (50 Stück)

Apis-Homaccord (Heel)
Inhaltsstoffe: Apis, Ant-t., Scilla
Anwendung: Ödeme, Harnstau bei akuter Nierenerkrankung
erhältlich als: Tropfen (30ml), Ampullen (5 Stück à 1,1ml)

Arnica-Heel (Heel)
Inhaltsstoffe: Arn., Bry., Colch., Echi., Bapt. u.a.
Anwendung: Entzündungen und Verletzungen, lokal oder allgemein
erhältlich als: Tropfen (30ml)

Belladonna-Homaccord (Heel)
Inhaltsstoffe: Bell., Echi.
Anwendung: Heftige Entzündungen, lokal oder allgemein
erhältlich als: Tropfen (30ml), Ampullen (5 Stück à 1,1ml)

Berberis-Homaccord (Heel)
Inhaltsstoffe: Berb., Coloc., Verat.
Anwendung: Entzündungen des Harnapparates
erhältlich als: Tropfen (30ml), Ampullen (5 Stück à 1,1ml)

Bryaconeel (Heel)
Inhaltsstoffe: Bry., Acon., Phos.
Anwendung: Infekte der Atemwege
erhältlich als: Tabletten (50 Stück)

Calcoheel (Heel)
Inhaltsstoffe: Calc., Dulc., Cham., Carb-v.
Anwendung: Störungen des Mineralhaushaltes, Drüsenschwellung
erhältlich als: Tabletten (50 Stück)

Calendumed (Heel)
Inhaltsstoffe: Calendula
Anwendung: äußerlich bei Verletzungen
erhältlich als: Salbe (50g), Creme (50g)

Cantharis compositum (Heel)
Inhaltsstoffe: Canth., Merc., Hep. u.a.
Anwendung: Entzündungen der Nieren und/oder Harnblase
erhältlich als: Ampullen (4 Stück à 2,2ml)

Carcinominum compositum (Heel)
Inhaltsstoffe: Carc., Sulf., Puls. u.a.
Anwendung: Kräftigung des Immunsystems bei Tumoren
erhältlich als: Ampullen (2 Stück à 2,2ml)

Cardiacum-Heel (Heel)
Inhaltsstoffe: Arn., Cact., Gels., Spig., Sulf. u.a.
Anwendung: Herz-, Kreislaufschwäche
erhältlich als: Tabletten (50 Stück)

Chelidonium-Homaccord (Heel)
Inhaltsstoffe: Chel., Bell. u.a.
Anwendung: Erkrankungen der Leber und Galle
erhältlich als: Tropfen (30ml), Ampullen (5 Stück à 1,1ml)

China-Homaccord (Heel)
Inhaltsstoffe: China, Sepia
Anwendung: Große Schwäche nach schweren Erkrankungen
erhältlich als: Tropfen (30ml), Ampullen (5 Stück à 1,1ml)

Cinnamomum-Homaccord N (Heel)
Inhaltsstoffe: Cinna., Ham., Mill.
Anwendung: Blutungen
erhältlich als: Tropfen (30ml), Ampullen (5 Stück à 1,1ml)

Crataegus-Heel (Heel)
Inhaltsstoffe: Crataegus
Anwendung: Herz-, Kreislaufschwäche
erhältlich als: Tropfen (30ml)

Cutis compositum (Heel)
Inhaltsstoffe: Ign., Merc., Sulf., Thuja, Organextrakte u.a.
Anwendung: Hauterkrankungen
erhältlich als: Ampullen (4 Stück à 2,2ml)

Diarrheel (Heel)
Inhaltsstoffe: Carb-m., Arg-n., Colch., Coloc., Podo. u.a.
Anwendung: Durchfall, Magen-, Darmentzündung
erhältlich als: Tabletten (30 Stück)

Duodenoheel (Heel)
Inhaltsstoffe: Anac., Arg-n., Ip., Jod., Lach. u.a.
Anwendung: Darmentzündung
erhältlich als: Tabletten (50 Stück)

Dysenteral (WeraVet)
Inhaltsstoffe: Ars., Rheum, Podo.
Anwendung: Durchfall
erhältlich als: Tropfen (20ml)

Echinacea compositum S (Heel)
Inhaltsstoffe: Echi., Acon., Bapt., Lach., Puls. u.a.
Anwendung: Steigerung der Körperabwehr bei jeder Art von entzündlichen Vorgängen
erhältlich als: Ampullen (4 Stück à 2,2ml)

Febrisal (WeraVet)
Inhaltsstoffe: Acon., Lach., Echi.
Anwendung: Akutes Fiebermittel
erhältlich als: Tropfen (20ml)

Ferrum-Homaccord (Heel)
Inhaltsstoffe: Ferr., Ferr-p., Ferr-s. u.a.
Anwendung: Eisenmangel
erhältlich als: Tropfen (30ml), Ampullen (5 Stück à 1,1ml)

Gastricumeel (Heel)
Inhaltsstoffe: Arg-n., Puls., Nux-v., Carb-v. u.a.
Anwendung: Magenentzündung
erhältlich als: Tabletten (50 Stück)

Graphites-Homaccord (Heel)
Inhaltsstoffe: Graph., Calc.
Anwendung: Neigung zu Fettsucht, Hauterkrankungen
erhältlich als: Tropfen (30ml), Ampullen (5 Stück à 1,1ml)

Gripp-Heel (Heel)
Inhaltsstoffe: Acon., Bry., Lach., Eup-per., Phos.
Anwendung: Grippeerkrankungen, Rachenentzündung
erhältlich als: Tabletten (50 Stück), Ampullen (5 Stück à 1,1ml)

Heelax (Heel)
Inhaltsstoffe: Aloe, Rheum, Coloc., Nux-v., Bry.
Anwendung: Verstopfung
erhältlich als: Dragees (30 Stück)

Hepeel (Heel)
Inhaltsstoffe: Lyc., Chel., China, Nux-m. u.a.
Anwendung: Erkrankungen der Leber
erhältlich als: Tabletten (50 Stück), Ampullen (5 Stück à 1,1ml)

Husteel (Heel)
Inhaltsstoffe: Ars-j., Bell., Scilla, Cupr-ac., Caust.
Anwendung: Husten, Erkältungen
erhältlich als: Tropfen (30ml)

Leptandra compositum (Heel)
Inhaltsstoffe: Lept., Podo., Carb-v., Phos. u.a.

Anwendung: Erkrankungen der Leber und Bauchspeicheldrüse
erhältlich als: Tropfen (30ml), Ampullen (4 Stück à 2,2ml)

Lymphomyosot (Heel)
Inhaltsstoffe: Myosotis arvensis, Veronica, Teucr. u.a.
Anwendung: Mandelentzündung, Drüsenschwellungen (z.B. Schilddrüse)
erhältlich als: Tropfen (30ml), Ampullen (5 Stück à 1,1ml)

Mercurius-Heel (Heel)
Inhaltsstoffe: Merc., Hep., Lach., Phyt., Bell. u.a.
Anwendung: Mandelentzündung, Katarrhe; Erkrankungen, die mit Eiterung einhergehen
erhältlich als: Tabletten (50 Stück)

Nux vomica-Homaccord (Heel)
Inhaltsstoffe: Nux-v., Bry., Lyc., Coloc.
Anwendung: Erkrankungen des Verdauungstraktes, Verstopfung; Vergiftungen
erhältlich als: Tropfen (30ml), Ampullen (5 Stück à 1,1ml)

Oculoheel (Heel)
Inhaltsstoffe: Apis, Rhus-t., Hep., Spig., Staph. u.a.
Anwendung: Augenentzündung
erhältlich als: Tabletten (50 Stück)

Osteoheel (Heel)
Inhaltsstoffe: Hekla, Kali-j., Aran., Nat-s., Calc-p. u.a.
Anwendung: Knochenerkrankungen
erhältlich als: Tabletten (50 Stück)

Phosphor-Homaccord (Heel)
Inhaltsstoffe: Phos., Arg-n., Par.
Anwendung: Rachenentzündung, Lungenentzündung
erhältlich als: Tropfen (30ml), Ampullen (5 Stück à 1,1ml)

Plantago-Homaccord (Heel)
Inhaltsstoffe: Plan., Bell., Ign.
Anwendung: Blasenentzündung
erhältlich als: Tropfen (30ml), Ampullen (5 Stück à 1,1ml)

Reneel (Heel)
Inhaltsstoffe: Berb., Canth., Pareir., Caust. u.a.
Anwendung: Nieren-, Blasenleiden; Harnsteine
erhältlich als: Tabletten (50 Stück)

Schwef-Heel (Heel)
Inhaltsstoffe: Sulfur
Anwendung: Hauterkrankungen, Ekzeme
erhältlich als: Tropfen (30ml)

Solidago compositum S (Heel)
Inhaltsstoffe: Solid., Berb., Hep., Caps. u.a.
Anwendung: Akute und chronische Erkrankungen der Harnorgane; Harngries, -steine
erhältlich als: Ampullen (4 Stück à 2,2ml)

Spascupreel (Heel)
Inhaltsstoffe: Coloc., Am-b., Atro., Verat., Gels. u.a.
Anwendung: Koliken, Krämpfe (z.B. Verdauungstrakt, Harnwege)
erhältlich als: Tabletten (50 Stück), Ampullen (5 Stück à 1,1ml), Suppositorien (12 Stück à 2,0g)

Sulfur-Heel (Heel)
Inhaltsstoffe: Sulf., Mez., Calad. u.a.
Anwendung: Hauterkrankungen, Ekzeme
erhältlich als: Tabletten (50 Stück)

Traumeel (Heel)
Inhaltsstoffe: Arn., Calend., Ham., Bell., Acon. u.a.
Anwendung: Jede Art von Verletzungen
erhältlich als: Tabletten (50 Stück), Tropfen (30ml), Ampullen (4 Stück à 2,2ml), Salbe (50g)

Viropect (DHU)
Inhaltsstoffe: Ip., Dros., Cupr-ac.
Anwendung: Krampfhusten
erhältlich als: Pulver (20g)

Bach-Blüten

Die 38 Bach-Blüten sowie die Notfall-Tropfen sind über Apotheken frei verkäuflich. Sie sind in 10-ml-Fläschchen, den sog. Stockbottles, erhältlich, die Rescue Tropfen auch in 20-ml-Fläschchen. Sie können auch Bach-Blütenmischungen (sowohl in Alkohol/Essig, als auch in Wasser) beziehen.

Agrimony (Odermennig)
Anwendung: Ruhelosigkeit, Widersprüchlichkeit

Aspen (Zitterpappel)
Anwendung: Angst vor Unbekanntem und Unbekannten, Angst in der Nacht

Beech (Rotbuche)
Anwendung: Fühlt sich leicht belästigt, stellt die Haare auf

Centaury (Tausendgüldenkraut)
Anwendung: Unterwirft sich dem Willen des Menschen, um geliebt zu werden

Cerato (Bleiwurz)
Anwendung: Unentschlossenheit, Unsicherheit

Cherry Plum (Kirschpflaume)
Anwendung: Gewalttätige Impulse, Raserei, weite Pupillen

Chestnut Bud (Kastanienknospe)
Anwendung: Macht immer wieder die gleichen Fehler

Chicory (Wegwarte)
Anwendung: Besitzergreifend, vereinnahmend, will nichts teilen

Clematis (Weiße Waldrebe)
Anwendung: Abwesend, verträumt

Crab Apple (Holzapfel)
Anwendung: Reinlichkeitsblüte, Putzzwang, Hautausschläge

Elm (Ulme)
Anwendung: Plötzlicher, unerwarteter Zusammenbruch

Gentian (Herbstenzian)
Anwendung: Entmutigt, neigt zu Rückfall

Gorse (Stechginster)
Anwendung: Hoffnungslosigkeit, Zustand nach schwerer Erkrankung mit Erschöpfung

Heather
(Schottisches Heidekraut)
Anwendung: Ist nur mit sich beschäftigt

Holly (Stechpalme)
Anwendung: Eifersucht, heftige Wut, Haß, Angriffslust, Mißtrauen

Honeysuckle (Geißblatt)
Anwendung: Heimweh, Sehnsucht nach Vergangenem

Hornbeam (Weißbuche)
Anwendung: Müdigkeit morgens, müde Augen

Impatiens (Drüsiges Springkraut)
Anwendung: Ungeduld und Unbeherrschtheit

Larch (Lärche)
Anwendung: Mangel an Selbstvertrauen, Impotenz

Mimulus
(Gefleckte Gauklerblume)
Anwendung: Furcht vor benennbaren Dingen wie Gewitter, Auto, Eisenbahn, Tieren

Mustard (Wilder Senf)
Anwendung: Tiefe Niedergeschlagenheit, die ohne erkennbare Ursache kommt und geht

Oak (Eiche)
Anwendung: Gibt nie auf, obwohl die Katze kurz vor dem Zusammenbruch steht

Olive (Olive)
Anwendung: Erschöpfung, extreme Ermüdung (z.B. nach Krankheit)

Pine (Schottische Kiefer)
Anwendung: Schuldgefühl, beugt den Nacken

Red Chestnut (Rote Kastanie)
Anwendung: Sorge um andere

Rock Rose
(Gelbes Sonnenröschen)
Anwendung: Akute Panik, Todesangst

Rock Water
(Wasser aus einer Felsenquelle)
Anwendung: Starr, läßt sich nicht leicht anfassen

Scleranthus
(Einjähriger Knäuel)
Anwendung: Unschlüssigkeit, sprunghaft, Wechsel von Stimmungen

Star of Bethlehem (Goldiger Milchstern)
Anwendung: Jede Art von Verletzung (körperlich und seelisch)

Sweet Chestnut
(Edelkastanie)
Anwendung: Verzweifelte Ausweglosigkeit (Tierheim)

Vervain (Eisenkraut)
Anwendung: Eiserner Wille, übersteigt die Kräfte der Katze

Vine (Weinrebe)
Anwendung: Diktatorisch, herrschsüchtig

Walnut (Walnuß)
Anwendung: Jede Art von Veränderung (Umzug, Kastration)

Water Violet
(Sumpf-Wasserfeder)
Anwendung: Distanziertheit, Reserviertheit, Stolz, Unabhängigkeit (»Katzenmentalität«)

White Chestnut
(Roßkastanie, weißblühend)
Anwendung: "Wiederkehrende Gedanken"

Wild Oat (Waldtrespe)
Anwendung: Die Katze weiß nicht, was sie will

Wild Rose (Heckenrose)
Anwendung: Apathie und Resignation

Willow
(Gelbe Weide)
Anwendung: Nachtragend, beleidigt, verträgt keinen Widerspruch

Rescue Remedy
(Notfall-Tropfen)
Anwendung: Schock, Unfall, Verletzung

Rescue-Creme
Anwendung: Verbrennungen, Verletzungen

Lexikon der Fachausdrücke

Allopathie
Methode der Schulmedizin, Krankheiten mit Mitteln zu behandeln, die eine der homöopathischen Heilmethode entgegengesetzte Wirkung hervorrufen.

Anthropozoonose
Infektionskrankheiten, die natürlicherweise zwischen Wirbeltieren und Menschen übertragen werden (z. B. Tollwut, Salmonellose, Pilzerkrankung).

Antibiogramm
Resultat einer Prüfung von Krankheitskeimen auf ihre Empfindlichkeit gegen Antibiotika.

Aujeszky-Krankheit
Auch Pseudowut; Viruserkrankung, die sich durch Juckreiz, Erregung, Speicheln und Erbrechen, gegen Ende durch Lähmungen äußert; führt innerhalb kürzester Zeit zum Tod.

Ausscheider
Tiere, die krankmachende Keime zeitweise oder dauernd ausscheiden, ohne selbst krank zu sein oder klinische Symptome zu zeigen.

Borreliose
Durch Zecken übertragene Bakterieninfektion; die Krankheit beginnt nach einer Inkubationszeit von 3–12 Tagen (manchmal sogar mehreren Monaten) zunächst mit schweren grippeähnlichen Symptomen, später können sich Nervenlähmungen einstellen.

Chlamydien
Bakterienähnliche Keime, die u. a. Augen- und Naseninfektionen verursachen.

Disposition
Veranlagung.

Einzelmittel
Homöopathisches Arzneimittel, das nur aus einer einzigen homöopathischen Substanz (Ursubstanz oder potenzierter Wirkstoff) besteht.

Ektoparasit
Schmarotzer, der vorübergehend oder immer auf der Haut eines Wirts lebt.

Elektrolyte
Stoffe, die in wäßriger Lösung aus positiv und negativ geladenen Teilchen bestehen.

Endoparasit
Tierischer Schmarotzer, der im Organismus einer anderen Spezies lebt.

Euthanasie
Sanfte Tötung durch Verabreichen eines Betäubungsmittels.

FIP
Abkürzung für »feline infektiöse Peritonitis« (= infektiöse Bauchfellentzündung, → Seite 95).

Gastritis
Entzündung des Magens.

Hämolyse
Zerfall der roten Blutkörperchen.

Immunserum
Antikörper enthaltendes Serum, das zur Vorbeugung oder Behandlung von Krankheiten verwendet wird.

Inkubationszeit
Zeit zwischen der Ansteckung bis zum Ausbruch der Krankheit.

Insuffizienz
Leistungsschwäche oder Funktionsstörung eines Organs.

Irritation
Reizung.

Kallus
Knochenneubildung an einer Bruchstelle.

Kastration
Entfernung der keimbereitenden Organe, beim Kater die Hoden und bei der Kätzin die Eierstöcke.

Katzen-AIDS
Unheilbare Virusinfektion; als Folge der gestörten Immunabwehr treten entzündliche Prozes-

se auf, die sehr therapieresistent sind.

Komplexmittel
Homöopathisches Arzneimittel, das aus mehreren homöopathischen Einzelmitteln besteht.

Konstitution
Die Gesamtheit der körperlichen, seelischen und geistigen Anlagen eines Individuums; schließt die Neigung zu bestimmten Krankheiten als Antwort auf Belastungen ein.

Konstitutionsmittel
Heilmittel, das den körperlichen und psychischen Symptomen in seiner Gesamtheit entspricht, um einen inneren Heilungsprozeß zu erzielen.

Leukose
Unheilbare Virusinfektion, die sich entweder durch Zerstörung der weißen Blutkörperchen oder durch unkontrollierte Vermehrung der Leukozyten äußert.

ödematös
Durch Ansammlung von Flüssigkeit im Gewebe angeschwollen.

Palpation
Untersuchen eines Krankheitsherdes durch Abtasten.

Paramunitätsinducer
Löst im Organismus eine gesteigerte, unspezifische Abwehrreaktion gegenüber verschiedensten Infektionskrankheiten aus.

Phlegmone
Eitrige Entzündung im Bindegewebe unter der Haut.

Punktion
Einstich mit einer Hohlnadel in sekretgefüllte Körperhohlräume (z.B. Abszeß, Bluterguß) oder Organe (z.B. Leber), um Flüssigkeit oder Gewebe zu entnehmen.

Resorption
Aufnahme eines gelösten Stoffes.

Rolligkeit
Synonym für Brunst bei Katzen.

Septikämie
Eine schwere Allgemeininfektion mit hohem Fieber und starkem Entzündungsgeschehen.

Sporen
Fortpflanzungszellen von Pilzen und vielen blütenlosen Pflanzen.

Sterilisation
Abbinden und Durchtrennen der ableitenden Wege der Keimzellen (Samenstrang und Eileiter), die Hoden und Eierstöcke verbleiben im Körper. Sterilisierte Tiere sind zwar nicht mehr fortpflanzungsfähig, da die Keimdrüsen jedoch weiter Hormone produzieren, bleibt der Geschlechtstrieb voll erhalten.

therapieresistent
Der Organismus spricht auf eine Behandlung nicht oder sehr schlecht an.

Tollwut
Virusinfektion, die durch den Biß eines infizierten Tieres (z.B. Fuchs) übertragen wird. Nach einer Inkubationszeit von 10 Tagen bis 2 Monaten durchläuft die Krankheit 3 Stadien: Im Prodromalstadium zeigt die Katze geändertes Verhalten, im Exzitationsstadium wird sie aggressiv (Symptome: Speicheln, Muskelkrämpfe, Schluckbeschwerden), das Lähmungsstadium führt in kurzer Zeit zum Tod.

Toxoplasmose
Durch Einzeller (Toxoplasmen) hervorgerufene Krankheit, die von der Katze auf den Menschen übertragen werden kann, jedoch in der Regel unauffällig abläuft; kommt es zu einer Allgemeinerkrankung, dann treten Fieber, Durchfall, Lähmungen, Gehirnhaut- und Magen-Darmentzündungen auf.

Urämie
Harnvergiftung des Blutes.

Zuckerkrankheit
Störung im Glukose-Stoffwechsel; der Mangel an Insulin führt zum Anstieg der Zuckerwerte im Blut und Harn.

Beschwerden-register

Halbfett gesetzte Seitenzahlen verweisen auf Farbfotos oder Zeichnungen.
U bedeutet Umschlagseite.

Aus Liebe und Verantwortung

Heimtiere machen nicht nur Kindern, sondern der ganzen Familie viel Freude. Und ob Hund, Hamster oder Wellensittich – wer sich einmal an den kleinen Liebling gewöhnt hat, möchte ihn nicht mehr missen. Deshalb ist es wichtig, über die Bedürfnisse der Tiere wirklich Bescheid zu wissen. Die **GU Tier-Ratgeber** – von anerkannten Autoren geschrieben – sind ideal als Helfer bei der artgerechten Haltung mit Herz und Verstand. GU Ratgeber gibt es zu allen beliebten Tierarten. Sie sind auch für Kinder geeignet, die ihr Tier selbst versorgen wollen.

Änderungen und Irrtum vorbehalten.

DER GROSSE GU RATGEBER

Ulrich Klever

HUNDE

Experten-Rat für die Hundehaltung mit Herz und Verstand

3-7742-3330-6

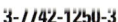

3-7742-1250-3

3-7742-5918-6

3-7742-2065-4

3-7742-5895-3

Mehr draus machen Mit Gräfe und Unzer

Literatur

Hackl, M. (1990): Bach-Blütentherapie für Homöopathen. Johannes Sonntag Verlagsbuchhandlung, Regensburg.

Lindenberg, A. (1989): Bach-Blütentherapie für Haustiere. Tierkrankheiten sanft und natürlich heilen. Econ Taschenbuch Verlag, Düsseldorf.

Müller, U. (1996): Die Katze. Mein Heimtier. Gräfe und Unzer Verlag, München.

Müller, U. und H. A. Müller (1994): Die kranke Katze. Erste Hilfe – Behandlung – Pflege. Gräfe und Unzer Verlag, München.

Vithoulkas, G. (1979): Medizin der Zukunft. Georg Wenderoth Verlag, Kassel.

Wolff, H. G. (1983): Unsere Katze gesund durch Homöopathie. Johannes Sonntag Verlagsbuchhandlung, Regensburg.

Nützliche Adressen

Akademie für Tiernaturheilkunde
Andre Grafe
Bimöhler Straße 32
24576 Bad Bramstedt

Dr. Edward Bach Centre
German Office
Eppendorfer Landstraße 32
20249 Hamburg

Dr. Edward Bach Centre
Austrian Office
Institut für Bach-Blütentherapie –
Forschung und Lehre
Seidengasse 32/1/59
A-1070 Wien

Dr. Edward Bach Centre
Swiss Office
Mainaustrasse 15
CH-8034 Zürich

Fachschule für alternative Tiermedizin
Husemannstraße 25–27
45879 Gelsenkirchen

Deutsche Paracelsus Schulen für Naturheilverfahren GmbH
Sonnenstraße 19
80331 München

Bezug der im Buch angegebenen Heilmittel

Alle Heilmittel sind in Deutschland über Apotheken zu beziehen.

Heilmittel der Firma Heel erhalten Sie
● in Österreich über
Dr. Peithner KG
Richard-Strauß-Straße 13
A-1232 Wien

● in der Schweiz über
Hömöomed AG
Lettenstrasse 9
CH-6343 Rotkreuz

Heilmittel der Firma Assmann erhalten Sie
● in Österreich über
Richter Pharma
C. Richter GmbH & Co. KG
Feldgasse 19
A-4600 Wels

● In der Schweiz hat die Firma Assmann keinen Außendienst; lizensierte Personen können direkt bei der Firma Assmann bestellen.
Dr. Assmann, Veterinär-Spezialitäten GmbH, Postfach 2454, 76414 Rastatt

Heilmittel der Firma DHU erhalten Sie
● in Österreich über
Dr. Peithner KG
Postfach 64
A-1232 Wien

● in der Schweiz über
Omeda KG
Erlistraße 2
Faenn
CH-6403 Küßnacht

Der Autor

Dr. Rudolf Deiser arbeitet seit 1979 als freiberuflicher Tierarzt. 1989 absolvierte er die Heilpraktikerprüfung. Kleintiere behandelt er überwiegend nach naturheilkundlichen Methoden. Seit 1990 behandelt er als Therapeut in klassischer Homöopathie in der eigenen Praxis auch Menschen.

Impressum

© 1997 Gräfe und Unzer Verlag GmbH, München

Redaktion: Michael Eppinger
Lektorat: Angelika Lang
Herstellung: Verena Römer
Umschlaggestaltung:
Heinz Kraxenberger
Buchgestaltung: Hubertus Hepfinger
Satz: Buchmacher Bär
Reproduktion: Fotolito Longo
Druck und Bindung: Appl

ISBN 3-7742-3156-7

Auflage	4.	3.	2.	1.
Jahr	00	99	98	97